시대예보

FORECAST OF THE TIMES

시대예보:
핵개인의 시대

FORECAST OF THE TIMES:
ERA OF NUCLEAR INDIVIDUALS

송길영

SONG GILYOUNG

차례

제5장   핵개인의 출현

쪼개지는, 흩어지는, 홀로 서는

'지능화'와 '고령화'

이 둘이 만들어내는 나선은

시대 변화의 방향을 알려주는

주요한 축입니다.

_____

제가 이 글을 쓰는 장소는 고속철의 객실입니다. 불과 몇 시간 안에 국토를 연결하는 안락한 자리에서 열차 내 인터넷 환경으로 글을 쓸 수 있게 된 것은 현대의 선물입니다. 신용카드와 온라인 결제 시스템 덕에 이동과 글쓰기에 최적인 좌석을 예약하고, 스마트폰 기반의 원격 업무 환경에 적응한 덕에 이런 특권을 누릴 수 있게 되었습니다. 하지만 이러한 편리의 반대편에는 온라인 예매로 인해 현금을 들고도 표를 구할 수 없는 노인들이 있습니다. 매표소를 서성이는 그들의 모습에서 새로운 공정함에 배려받지 못하는 그늘을 보게 됩니다.

시대의 속도에 적응하지 못한 분들이 눈에 보이지 않는 상대와 싸워야 하는 일은 이뿐만이 아닙니다. TV에서 본 트로트 가수의 공연도 온라인 수강신청으로 단련된 자식들의 예매 도움 없이는 언감생심 구경도 못 하니, 불리한 환경은 서운한 마음으로 연장됩니다. 기차 역사에서 친절한 역무원을 만나도 이미 팔린 표를 구해줄 방도는 없습니다. 이제 그의 역할은 온라인 애플리케이션이 대체하고 있습니다. 모든 것을 스스로 해나가는 사회에서 타자에 대한 도움과 배려는 어느 지점에 있어야 할까요?

삶의 다양한 문제에 누가 도움을 줄 수 있고 어떤 도움을 줄 수 있는지, 그리고 그가 그만큼의 역량을 갖고 있음을 우리는 어떻게 가늠할 수 있을까요? 이 책은 그 질문에서 출발합니다. '지능화'와 '고령화' 이 둘이 만들어내는 나선은 앞으로 사회가 자연스럽게 변화해 나가는 방향을 읽을 중요한 축입니다.

우리는 삶의 어려움을 예전에는 어떻게 해결했을까요? 민원서류는 구청에서, 공과금 고지서는 은행에서 처리했습니다. 모르는 것은 수업 시간 선생님께 여쭤보았고 전셋집이 기한을 다하면 복덕방 할아버지께 도움을 구했습니다.

이제는 전자정부 플랫폼에서 집 안의 프린터로 서류를 발급합니다. 스마트폰의 전자지갑에 저장할 수도 있습니다. 스마트폰 은행 앱은 다른 금융기관의 계좌까지 합쳐서 볼 수 있는 오픈 뱅킹으로 진화했습니다. 서울 강남의 스타 강사가 친절히 설명해 주는 인강은 생성형 인공지능^AI (Artificial Intelligence)까지 결합되며 24시간, 1대 1의 첨삭 지도를 가능케 합니다. 부동산 중개 플랫폼은 전국의 집 안 사진까지 보여주며 계약 시 챙겨야 할 서류와 금융 지원까지 연결합니다.

지금도 나이 지긋한 분들은 예전 마을 어르신의 지혜를

이야기합니다. 수십 년을 살아오며 쌓인 경험은 씨를 뿌리고 김을 매고 거두는 일뿐 아니라, 가물어 말라붙은 논을 건사하는 방법과 홍수에 불어난 물을 피하는 장소에 이르기까지, 삶의 어려움을 이겨내기 위해 꼭 필요한 혜안을 전해 주었다 합니다. 다음 세대로 이어지는 생존 기술에 찬탄과 존경을 거둘 수 없었기에 그 시절 장로를 바라보는 눈길에는 경외가 자리 잡았을지 모릅니다.

그 뒤 산업화의 격변과 도시화의 확장이 순식간에 들이닥쳤습니다. 인류의 20만여 년 생존의 분투기에도 인구가 급격히 늘어난 것은 지난 200여 년에 불과합니다. 기술의 발달은 집적된 도시를 형성하고 서로 모르던 사람들이 함께 모여 성긴 연대로 다양한 협력을 도모하게 되었습니다.

삶이 풍요로워지고 더욱 복잡해지며 우리의 기대는 상승하게 됩니다. 다 같이 봄 여름 가을 노동하고 농한기에 효도 여행을 함께하던 단선적 삶에서 K대리와 P과장이 각자 스코틀랜드와 베트남으로 휴가를 가는, 선택지가 늘어난 다채로운 삶으로 분화하고 있는 것입니다. 이처럼 다양해진 삶에서 누군가가 모든 분야의 권위를 갖기는 어렵습니다. 현명한 우리는 다양한 사람들로의 분산 처리를 통해 권위자의 아웃소싱을 도모합니다.

　가족이 아프거나 괴로움을 당할 때 또는 새로운 배움의 세계로 나를 이끌어줄 전문가를 원할 때 우리는 권위자를 찾습니다. 아침 방송의 명의로 소개되는 의사 선생님들의 프로필에서 또는 성공한 프로 선수를 배출했다는 사진이 붙어 있는 골프 클리닉의 홍보 액자에서 우리는 권위의 증거를 탐색합니다. 그간 권위를 갖는 사람의 요건으로 첫 번째 경험, 두 번째 연륜, 세 번째 전문성 정도를 꼽았습니다. 그런데 한때는 옳았을 수도 있는 그 탐색과 선택의 기준이 계속해서 정답이 될 수는 없습니다. 내가 도움을 얻을 수 있는 사회적 네트워크 안에서 최선의 선택지를 찾았기 때문입니다. 부동산에 관해서라면 '강남에 집을 산 옆 팀의 L과장이 잘 알겠지'와 같이 나의 사적 네트워크 중 해당 분야에 관해 가장 엔트로피가 높은 대상에게 물어보는 것입니다. 마찬가지로 유학생들 정보에 관해서라면 함께 일하는 동료 중 '해외에서 공부한 J매니저가 제일 잘 알지'라고 기대합니다. 적어도 그 분야에 관해 그들이 무조건 나보다는 낫기 때문입니다.

　하지만 그들이 세상의 모든 사람보다 나은지 생각해 본다면 그럴 확률은 매우 낮습니다. 그 이유는 산업이 분화되어 있고 더 많은 정보가 있으며 세상은 계속 바뀌는 탓에 그들의 경험 역시 제한적이기 때문입니다. L과장이 집을 산 것은 10년 전이라 경제와 시장 상황이 지금과 달랐고, J매니저가 15년 전 공부했던 선진국 중심의 유학 환경과 지금의 로컬 문화가 꽃피는 다양성 시대의 학업은 다를 수밖에 없습니다. 그럼에도 그들을 찾았던 이유는 '적어도 나보다는 더 낫기 때문'이었습니다.

At least, better than me.

단지 나보단 낮기 때문에 불확실한 정보지만 그것에 기댄 것입니다. 과거에 혹은 지금도 여전히 정보의 비대칭에 기반하는 비즈니스가 있습니다. 막막한 타지 생활을 상담하고 기회를 열어주는 유학원 같은 것이 그렇습니다. 그런데 만약에 글로벌하게 연결된 유학생 연합회가 있다고 생각해 보겠습니다. 유학생 연합회에서 생성한 정보들이 집적되어 국가별로 촘촘히 제공되고 온라인으로 연결된 자원봉사자들이 AI 기술과 결합하여 무료로 상담까지 해준다면, 이제까지 비대칭 정보로 유학 준비생들을 관리하고 해외 입국을 도와준 유학원은 부가가치를 유지해 나가기 어려울 수 있습니다. 이제는 거의 모든 영역에서 이러한 변화가 목전에 와 있습니다.

앞에서 말했듯 권위라는 것은 경험과 연륜과 전문성의 누적에서 옵니다. 그럼에도 불구하고 우리는 정보를 원할 때 여전히 가까운 친구를 먼저 찾는 편향을 갖고 있습니다. 왠지 더 공정하고 믿을 만하고 특별한 연결의 혜택 또한 나에게 돌아올 것으로 기대하기 때문입니다. 20만여 년 살아오며 그 20만여 년간 나의 주변만 탐색했기에, 나도 모르게 주변으로부터의 정보가 권위를 형성하는 데 가장 큰 요소로 인식된 것이 아닐까 합니다. 그만큼 내가 누구와 연결되어 있는지는 중요한 자산입니다.

제품을 널리 알리기 위한 방안을 궁리할 때 궁극의 비법은 입소문의 활성화입니다. 예컨대 천연 식물 성분 화장품이 피부 보습과 영양에 얼마나 효과가 좋은지에 관해서 여러 가지 정보 채널이 있을 수 있습니다. 《동의보감》에서 좋다고 했을 수도 있고, 늘 보던 광고에서 좋다고 했을 수도 있고, 생화학 실험 결과가 좋을 수도 있습니다. 여기서 가장 힘이 센 것은 써본 사람이 구체적으로 묘사한 생생한 경험담입니다.

'내가 그걸 써봤더니 좋더라' 하는 글에 제품의 이름까지 들어가면 나의 호기심은 확신으로 변합니다. 흥미로운 점은 글을 쓴 사람도 왜 좋은지 명확하게 설명하지 않은 경우가 다반사라는 것입니다. '그냥 써보니까 좋더라' 수준일 수있고, 그 확신의 출발점을 파고들어가 보면 그 역시도 누구한테 이야기를 들은 경우도 많습니다. 그가 들은 이야기의 출발점이 옆집에 살고 있는 이웃이라면 그 사람 역시 누군가에게 들었다 할 수 있는 것입니다. 이 연결고리처럼 어느 누구도 그 분야의 전문가가 아니며, 판정의 권위를 갖지 못했고, 그 사실에 관해서 본인이 입증하지 않았는데도, 우리는 그 판단을 수용하는 경우가 많습니다. 이런 입소문 전략은 패션, 뷰티, 외식 분야를 비롯해 트렌드와 연결된 산업에서 더욱 빛을 발합니다.

우리는 지금까지 이렇게 소문의 소문이 만들어낸 거대한 힘에 휘둘려 왔습니다. 이런 시스템은 심지어 우리 아이의 입시 문제까지 확장되기도 합니다. 제가 실제로 지인들에게 전화로 계속 받는 질문이 '통계학과하고 전산학과 중 어디를 보낼까?'입니다. 아이의 인생인데 부모가 결정하려 하는 것입니다. 게다가 인생의 중요한 결정을 제3자에게 물어보고 있는 것입니다. 그러나 학교에 갈 아이의 꿈은 다를 수 있고 미래 역시 가변적입니다. 답해주는 사람의 생각도 확률일 뿐 절댓값은 아닐 것입니다. 이처럼 우리는 자신도 모르게 의사결정을 상대에게 의탁하려 듭니다.

이런 행위가 커지면 계명이 되는 것이고, 작게는 '꿀팁'이 되는 것인데 이 안에 '권위'라고 불리는 시스템이 자리 잡고 있는 것은 아닐까요? 다시 말해 우리가 권위를 찾는 이유는 내 의사결정을 의탁할 대상을 원해서가 아닐까요? 그렇다면 우리를 휘두르던 그 힘의 실체, 그 권위가 정당한지 살펴보아야 합니다.

그 권위가 유효한 전문성의 카테고리를 넘어서지는 않는지도 생각해 보아야 합니다. 자수성가한 나이 드신 회장님들이 술을 드시면 옛날이야기를 지금 벌어지는 일처럼 말씀하는 경우가 있습니다. 당신이 예전에 일본이든, 중국이든, 홍콩이든, 싱가포르든 해외에 갔을 때의 이야기를 합니다. 그 어느 곳도 이미 그때의 그 나라가 아닙니다. 하지만 최신 정보로 바뀐 삶에 대한 증거를 제시해도 자신의 예전 경험이 지금도 유효하다 우기는 일이 비일비재합니다. 그분이 이룬 사업의 분야에서라면 전문성을 충분히 인정할 수 있을지 몰라도 단지 지위가 더 높다는 이유로 모든 분야에서 더 나은 의사결정을 기대하는 것이 맞는가 의문을 품게 됩니다. 경험은 자본과 비례하기 때문에 더 큰 자본으로 다채로운 경험을 한 사람들로부터 압도당해 왔지만 무언가 이격離隔이 생기기 시작한 것입니다.

권위는 인정을 기반으로 합니다. 수용자가 인정하지 않으면 권위는 성립되지 않습니다. 권위를 유지하려는 사람도, 권위를 찾는 사람도 원하는 것은 합당한 인정입니다. 정당한 인정이 권위의 출발점인 것입니다.

위로부터 아래로 억압적인 기제로 유지되던 권위주의 시대를 지나 이제 개인이 상호 네트워크의 힘으로 자립하는 새로운 개인의 시대가 도래했습니다.

그 배경에는 여러 가지 원인이 있습니다. 그중에서 첫째는 개인이 발휘할 수 있는 힘이 강해졌기 때문입니다. 이것이 바로 지능화의 결과입니다. 누구나 디지털 도구와 AI의 도움으로 이전에는 혼자서 할 수 없던 일들을 해낼 수 있게 되었습니다. 둘째는 집단과 기성의 문법이 발휘할 수 있는 힘이 약해졌기 때문입니다. 청년기에 열심히 일하고 조직에 헌신해 노후 준비를 하고 은퇴를 맞이한다는 예전 생애주기

모델은 지금과 같은 고령화 사회에서 더 이상 작동하지 않습니다. 50대, 60대 이후 언제까지 더 길어질지 모르는 100세 이상의 생애주기에서 사람들은 조직의 직급이나 지위보다 각자 개인의 역량과 생존을 고민하기 시작했습니다. 또한 조직의 테두리와 가족의 울타리를 벗어난 중장년들 역시 새로운 개인주의적 삶을 고민해야 하는 시대가 도래했습니다. 이것이 고령화가 장기적으로 변화시키는 개인에 관한 인식입니다.

이러한 변화 속, 자연스럽게 기존에 힘을 발휘하던 권위가 쪼개지고 융합되는 과정, 새로운 인정 시스템을 통해 권위가 창조되고 보존되는 과정을 다양한 층위에서 관찰해 보았습니다. 효도의 종말과 협력 가족의 진화, AI 최적화 시스템 속에서 기존에 없던 존재인 새로운 개인으로 살아가게 될 것임을 예견합니다.

이 책에서는 이러한 새로운 개인을 '핵개인'이라 정의합니다. 그들이 어떤 사회구조적 변화의 맥락 속에서 탄생하는지 관찰합니다. 그리고 핵개인들의 연대가 새로운 삶의 방식을 어떻게 모색하고 합의해 나가는지 살펴보고자 합니다. 이러한 핵개인의 시대에서 각자의 생존을 위해 필요한 언어

력과 다양성의 포용, 그리고 현명하게 나이 드는 방법에 관해, 생활의 현장에서 관측한 우리 삶의 생생한 발견을 여러분과 나눠보고자 합니다.

그 발견을 탐색하는 틀은 핵개인이 속해 있는 사회적 기반에서 시작하여 핵개인이 앞으로 취해야 할 무장, 앞으로 지녀야 할 태세, 앞으로 획득해야 할 자립, 이렇게 세 가지를 검토한 후에 마지막으로 이들의 출현과 다가올 미래에 대한 공언으로 마무리하고자 합니다.

첫 번째 장은 세계관의 형성입니다. 개인이 마주하는 주변의 경계와 그 환경의 범주가 그의 생각을 규정하는 기준으로 작용합니다. 글로벌화와 가상화로 확장된 세계는 그 경계의 희미함을 상상의 영역으로 확장합니다.

두 번째 장은 핵개인의 무장을 설명합니다. 지능화와 자동화는 도구를 다루는 인간에게 지능의 외주화를 허락하기 시작합니다. 개체의 연결성이 새로운 도구를 만나며 얻게 되는 엄청난 적응력은 지난한 노동의 종말을 예언합니다.

세 번째 장에서는 도구를 갖춘 핵개인의 태세를 바라봅니다. 급격한 지능화는 적응의 현기증을 수반합니다. 이전의 규칙에 익숙한 세대와 핵개인의 조우에서 만들어지는 필연적인 현행화의 이격을 관찰하고 합리적 합의의 모색을 관찰합니다.

네 번째 장에서는 업의 역량을 갖춘 핵개인의 자립을 설명합니다. 집단적 결속으로 상호 부조하던 가족의 역학이 어떻게 재정의될 것인가, 그리고 핵개인이 이후 자신의 삶을 어떻게 만들어갈 것인지를 살펴봅니다.

마지막 다섯 번째 장에서는 핵개인의 출현을 선언합니다. 핵가족이라는 더 이상 새롭지 않은 단어가 우리 사회에 도래한 지 반세기가 넘었습니다. 지능화와 고령화에 따른 새로운 개인의 도래 시점에 진정한 핵개인의 삶이 시작됨을 공언합니다.

기후 변화가 지난 천년의 기상 메커니즘을 벗어나는 일이 점점 더 잦아지고 있습니다. 매일 뉴스에서 빠지지 않는 일기예보가 무색할 정도로 급변하며 하루 앞을 예측하기 어려운 시대입니다만, 그럼에도 불구하고 우리는 종종 그것이 맞지 않더라도 준비와 대비를 위해 귀를 기울입니다. 비유하자면 이는 단순히 비를 피하기 위한 정도의 준비가 아닙니다. 누군가에게는 생업과 생명이 달려 있을 만큼 중요한 일입니다.

이제 옷차림을 위해 한 철의 기상을 알려주는 일기예보보다, 내 삶을 대비하기 위한 더 큰 호흡의 '시대예보'를 시작합니다.

시대예보: 핵개인의 시대

제1장

K는 대한민국이 아니다

잊지 말아야 합니다.

어떤 것도

반드시 지켜야 하는 것은 아님을

모든 것은

우리가 지금 만들어나가고 있음을

K 프리미엄, 국적은 사라지고 스타일은 남아

"오늘 밤, 당신들은 모두 용서받았습니다(Tonight, you are all forgiven)."

윤여정 배우가 아카데미 시상식에서 말했습니다. '유정'이나 '여영'으로 자신의 이름을 잘 발음하지 못하는 유럽 사람들에게 용서해 주겠다고 시작한 수상 소감은 감동적이었습니다. 우아한 말투와 위트 있는 표현은 전 세계 영화 팬들에게 아카데미 여우조연상 수상자의 기품을 전달하기에 충분했습니다.

이 장면을 보며 예전 영어 회화 수업 첫 번째 시간의 에피소드가 떠올랐습니다. 캐나다 교포 선생님이 처음 내준 숙제는 앞으로 수업 시간에 쓸 이름을 각자 영어로 만들어 보라는 것이었습니다. 지금 생각하면 꼭 그래야만 했던가 싶은 그 기억은 타국에서 아시아 이민자로 살았던 그가 겪었을 어려움을 연상시킵니다.

이제는 한국어 발음 그대로의 이름으로 활동하는 K팝 스타가 많아졌습니다. 상대의 편의에 맞추지 않고, 있는 그대로의 우리를 보여줄 만큼 우리에 대한 세계인의 이해와 경험이 늘어났다는 것이 새삼 느껴집니다.

어린 시절 디즈니의 만화로 시작되던 아침을 기억합니다. 세대마다 조금씩 다르지만 미국의 드라마들을 보며 햄버거와 코카콜라, 청바지를 선망하던 우리에게 문화의 선진국은 언제나 서양이었습니다. 그러다 한국의 영화가 새로운 매력으로 우리에게 다가왔습니다. 1990년대 〈서편제〉에서 시작한 우리 것에 대한 재발견은 전 세계 영화제를 휩쓰는 지금의 성장에 이르기까지 경제 발전의 기울기보다 더 큰 성취를 만들어 왔습니다.

그리고 그즈음 교포로 불리는 해외 거주 음악인들이 한국 무대에 대거 진출했습니다. 박정현, 그룹 솔리드 멤버들 등 이들 '교포 연예인'들은 한국인의 얼굴로 외국의 색다른 문화를 전해주었습니다. 유창한 영어, 유연한 사고, 억압이 느껴지지 않는 분방한 제스처, 팝의 본고장에서 체득한 감성은 대중들에게 신선함으로 다가왔습니다. 조금은 어눌한 한국어 발음, 길게 늘인 눈화장, 천진해 보이는 흥겨운 무드는 비슷하지만 지금까지의 우리와는 다른 무언가를 전해준 것입니다.

하지만 그들이 한국 문화에 완전히 섞이기까지는 시간이 걸렸습니다. 몇 개의 상징적인 사건으로 사람들도 새롭게 배우고 적응하는 과정을 겪었습니다. 그 기점으로 생각나는 한 장면은 당대의 인기 아이돌이 자신의 연애를 고백하는 모습입니다. 2001년 당시 최고 아이돌 그룹 중 해외 출신의 연장자 멤버가 연애사로 세간에 오르내리자 기자회견에서 자신의 억울함을 토로했던 일이 있습니다. 그는 서툰 한국어로 말했습니다. "나 서른두 살이에요. OK? 서른두 살이면 여자친구 있어야죠." 이 말은 이후로 연예인들의 공개 연애에 대한 인식을 변화시키는 기점이 되었습니다. 지금 생각해 보면 두 남녀가 서로 좋아서 나누는 관계에 대해 '사과' 기자회견을 한 것 자체가 어이없는 일이었습니다. 하지만 불과 20여 년 전의 이야기입니다.

등장인물과 당사자들이 변화하면서 대중문화는 다른 양상으로 빠르게 전환됩니다. 우리가 생각하는 기준과 가치관이 이렇듯 빠르게 변화하고 있다면 K의 함의 역시 고정된 것이라 보기 어렵습니다. 최근 K드라마, K무비, K컬처가 뜬다고 하는데, 그 K의 정체, 그 범주를 새롭게 정의해야 합니다.

K, 메인스트림이 되다

코로나19로 전 세계의 드라마 공장이 일제히 문을 닫았던 팬데믹 초기로 돌아가 봅니다. 할리우드의 주류 스튜디오도 모두 멈췄던 때에, 한국의 스튜디오들은 촬영을 활발히 이어갔습니다. 초연결 사회 속, 초지능의 IT 사용자들로 무장된 한국은 전면 락다운을 단 한 번도 경험하지 않은 방역 시스템을 자랑하며 〈오징어 게임〉이라는 전무후무한 성공을 이루어냈습니다. 한국에서 한국 제작진이 만든 한국어로 된 드라마를 전 세계에서 1억이 넘는 가구가 시청했고 여세를 몰아 미국 텔레비전 예술과학 아카데미가 주는 에미상을 수상했습니다. 물론 그 이전에도 아카데미 시상식장을 뜨겁게 달궜던 영화 〈기생충〉과 〈미나리〉의 사례가 있습니다. 그래도 이렇게 많은 사람이 관심을 가진 작품이 나오는 걸 보니 확실히 K컬처의 힘이 대단하다는 것이 피부로 느껴집니다.

음악계는 그보다 먼저 저변을 넓혔습니다. 싸이의 〈강남스타일〉이 전 세계에 울려 퍼질 때에, 당시만 해도 유튜브는 지금처럼 모든 미디어를 대체하는 종합 플랫폼이라기보다는 재미있고 키치한 인터넷 밈 영상들이 쉽게 주목을 받는 새로운 미디어였습니다. 그곳에서 수십억 건의 시청 횟수로 유튜브 자체 기록을 갱신하는 〈강남스타일〉은 전 세계 시청자들에게 회자되고 재생산되며 하나의 신드롬이 되었습니다. 이런 의외의 성공도 가능하구나 어리둥절한 가운데 흐뭇한 정도였습니다.

　BTS의 성공은 이러한 행운의 연장선에 머무르지 않습니다. BTS의 성장은 팬덤과 함께합니다. 오랜 시간 동안 팬들과의 교류를 통해 착실히 쌓아온 결정체가 단단한 주춧돌로 자리 잡았습니다. BTS의 한 멤버는 전 세계에서 가장 영향력 있는 스타가 되어 그가 인스타그램에 게시물을 한 번 올리면 그 경제적 가치가 약 11억 원에 이른다는 평가도 있습니다.[1] 블랙핑크의 한 멤버 역시 SNS 게시물 하나에 약 10억 원의 소득을 얻었다는 이야기도 있습니다.[2]

　이처럼 소셜 네트워크의 중심이 접두사 K로 시작하며 시장의 변화가 일어나고 있습니다. 대중의 선망을 받는 유럽과 미국의 글로벌 패션 럭셔리 기업이 한국 스타들을 홍보 대사로 초청하고 K스타일을 입힌 에디션 제품을 앞다퉈 출시합니다. 구찌, 크리스찬 디올, 루이비통, 버버리 등 글로벌 럭셔리 산업의 중심 기업들이 K로 시작하는 스타들을 통해 전 세계 소비자에게 직접 소통할 수 있음을 이해하기 시작한 것입니다. 확실히 전 세계에서 한국계 또는 K라고 불리는 사람들에 대한 선망이 커지고 있습니다.

대한민국 정부 역시 K푸드에서 시작해서 K팝, K드라마로 이어지는 K콘텐츠의 전파에 노력을 기울이고 있습니다. 여기서 무엇보다 중요한 것은 대중들에게 K가 어떻게 수용되는지 관찰하고, 그 반응을 통해 K의 범주를 사려 깊게 설정해 나가는 것입니다.

K컬처에 경계선이 있을까?

꼭 국적이 한국이어야 할까요? 가족 중 누군가가 한국인이면 될까요? 아니면 동양계 외모를 갖고 있으면 되는 걸까요? 한국 대중문화 산업의 시스템 안에 있으면 될까요? 음식과 언어 등 동시대 한국인의 라이프 스타일을 유지하면 되는 걸까요? 이 모든 질문에 대한 답은 미리 정해진 것이 아니라 우리 마음속에 있습니다.

최근 인기 있는 K팝 그룹을 보면 외국 국적의 멤버가 한두 명씩 꼭 끼어 있습니다. 해당 멤버의 출신 국가로 시장을 넓히려는 포석이 깔려 있겠지만, 그런 외국 국적 멤버들에 관한 사람들의 기대가 '아시안'까지만으로 수용되기를 희망한다는 댓글은 생각해 볼 지점입니다. 일본, 중국 그리고 좀 더 나아가 태국계 멤버까지는 수용성이 있지만 백인 혼혈 멤버는 더 낯설고 거리감을 느낀다는 댓글들이 보입니다. 그런데 이 또한 지금에 머물러 있는 생각일 수 있습니다.

1990년대 외국 출신의 한국 가수들이 우리에게 새로운 매력으로 다가와서 한국의 팝 문화에 영향을 끼쳤듯이, 지금 우리가 생각한 K의 범주 또한 가변적이고 확장 가능한 것이라 이해할 수 있습니다.

출신지에 관한 '웃픈' 일화가 있습니다. 미국에서 살고 있는 유럽계 사람들은 길거리에서 동양계 사람들을 만나면 이런 질문을 하는 경우가 있습니다.

"Where are you from?(어디 출신인가요?)"

이때 "From California(캘리포니아에서 왔어요)"라고 하면 재차 묻습니다.

"Where are you really from?(진짜 고향은 어디인가요?)"

"My mother is from Korea(저희 엄마는 한국에서 오셨어요)"라는 대답을 듣고서야 만족한다는 듯이 "아아"라고 눈을 동그랗게 뜨며 고개를 끄덕입니다. 눈치채셨겠지만 이것은 일종의 교묘한 인종 차별입니다. 그 뒤에는 "I love K-pop(케이팝 좋아해요)", "I love kimchi(김치 좋아해요)" 같은 상투적인 반응이 따라오기도 합니다. 따지고 보면 미국인은 사실 모두가 이민자입니다. 아메리카 토착민이 이미 정주하고 있던 공간이라 유럽이든 아프리카든 다 '어디선가에서 온 사람들'입니다. 차이가 있어 봐야 100년, 200년 먼저 왔을 뿐인데 그들보다 나중에 온 사람들을 구분 짓고 차별하는 정서가 있습니다.

제1차 세계대전과 제2차 세계대전을 기점으로 상대적으로 늦게 미국으로 온 아일랜드계와 이탈리아계 사람들에 대한 차별은 할리우드 거장 마틴 스코세이지 감독의 주요 소재입니다. 이 역시 물려받는 편견입니다. 이민의 시작이 서유럽계 백인이었기에 뒤늦게 온 사람들, 특히 모습과 삶의 양식이 구분되는 동양인에 대한 차별은 이렇듯 예의 바른 잔인함으로 표현되는 것 같습니다.

최근 K콘텐츠를 향한 더욱 진지한 흐름이 포착됩니다. 이민 2세대인 정이삭 감독의 영화 〈미나리〉와 소설뿐 아니라 드라마로도 주목받은 이민진 작가의 《파친코》 등의 작품에는 어느 땅에도 아름답게 뿌리내리는 코리안 디아스포라의 생명력이 녹아 있습니다. 미국 서점가를 강타한 《H마트에서 울다》는 미국이라는 나라에서 아시아계 여성 예술가라는 겹겹의 소수성을 갖고 살던 미셸 자우너의 이야기입니다. 그는 미국 내 한인 마트인 '한아름 마트'에 얽힌 추억과 한국 음식으로 한국인 어머니를 추억하며 자신의 정체성을 찾습니다.

한국 출신의 이들이 펼쳐내는 정착과 유랑의 역사가 K콘텐츠로 인정받는 것을 보면 K가 꼭 대한민국은 아닌 것 같습니다. 한국인 테스트, 일명 K테스트라는 명칭으로 온라인에 등장한 '입국 심사 테스트'는 제육볶음, 닭갈비, 감자탕, 삼겹살 같은 음식 이미지를 보여준 뒤 '다음 중 볶음밥으로 만들 수 없는 것은?' 하고 묻습니다. 정답은 '모두 밥을 볶아 먹을 수 있다'입니다. 이렇듯 음식에는 정서와 공감이 함께합니다.

피부의 색이 다른 타국 출신의 운동선수가 우리가 먹는 음식과 같은 것을 먹으면, 예를 들어 물회에 밥 말아 먹으면 '한국 사람 맞네' 하고 추켜세우는 식입니다. 정글에서 토착 부족이 권한 음식을 거부감 없이 받아먹으면 그 즉시 환대받는 정서와 비슷합니다. '너도 이 느낌 알아? 그럼, 나도 알아.' 결국 K테스트는 '너도 우리와 같은 사람이냐'를 묻고 있는 것과 같습니다.

K가 적어도 '국가'는 아니라는 것을

알 수 있어요.

최소한 문화이고 사람입니다.

바로 '한국 엄마'를 공유하는

정서에서 오는 것이지요.

K의 오리지널리티는 From Korea가 아닌 Made by Korean

　모든 상황을 종합하면 K가 적어도 '국가'는 아니라는 것을 이해할 수 있습니다. 최소한 문화이고 사람입니다. 종종 주고받는 표현 속 나라보다 부모, 뿌리 등의 이야기가 나오지만 그것 역시 생물학적 연결성이 아니라 역시나 문화에 대한 이야기입니다. 무엇보다도 숱한 '한국계'들의 이야기를 들어보면 우리가 동질성을 느끼는 부분은 바로 '한국 엄마'를 공유하는 정서에서 오는 것입니다. 엄마의 국적이 한국이라서가 아닙니다. 더 중요한 것은 엄마로부터 한국식 삶의 양식과 정서를 물려받았다는 것입니다. 엄마가 차려준 음식과 엄마의 말투, 심지어 잔소리까지 그 음성들을 생각할 때에 국가적 정체성을 떠올리지는 않습니다. 해외에서 성공한 연예인들이 시상대에 오르면 한국의 팬들, 가족에게 고맙다고 하지 '나의 조국 대한민국'에 영예를 돌리지는 않는 것과 같습니다.

　그렇다면 어떤 것이 한국적인지, 다음으로는 그 한국적인 것이 과연 고착화되어 있는 것인지 계속 변화하는 것인지도 굉장히 흥미롭게 관찰해야 할 지점입니다. BTS가 전 세계적인 흥행을 하고 있고 많은 이들에게 수용된다면 이것이 전형화된 K의 좋은 예제일까요, 아니면 BTS가 새로운 K의 전형을 만들어낸 것일까요? 만약 후자라면 K컬처는 고착된 어떤 것이 아니라 계속 변화하는 흐름 속에 있다고 생각할 수 있습니다. BTS가 앞으로도 계속 K컬처의 대표 주자로 수용된다면 BTS와 글로벌 및 로컬의 관객들이 어떤 식으로 상호작용을 이어갈지도 계속 지켜봐야 합니다.

적어도 확실한 것은 K의 공감이 확장된다는 것입니다. 확장의 의미는 단순히 현재 한국에 살고 있는 법률적인 한국인, 다시 말해 교육과 생활을 이 땅에서 해온 문화적, 생활적 공동체를 넘어섭니다. 한국 출신 사람들이 다른 대륙과 삶에서 겪어온 경험 및 그에 관한 공감이 커지거나, 한국에서 선발된 사람들만이 아닌 전 세계에서 선발된 사람들이 합쳐진 K팝 그룹의 확장된 이미지가 추가됩니다. 또한 K팝 그룹으로 선발된 사람들이 한국에서 트레이닝 받으며 얻은 지금 한국 사회의 규칙에 그들의 방식을 수용해 새롭게 만들어진 것이 더해집니다. 그 모든 것들은 기존에 우리 땅에서 자라고 만들어지는 단일한 형태의 것들, 소위 '신토불이身土不二'를 넘어선다는 사실은 명확합니다.

이제 한국인들이 생각하는 K, 그리고 세계인들의 머릿속에 있는 K를 다각도에서 바라보아야 합니다.

대한민국이라는 영토에 거주하는 사람뿐 아니라 세계 어디에 있든지 한국에 뿌리를 둔 생활 문화 공동체를 이어 가는 사람도 적지 않습니다. 자발적 이민자들 또는 한국의 어두운 역사 속 강제로 이주당한 독립국가연합의 국가들에 거주하는 고려인, 중국의 조선족, 일본의 자이니치, 하와이와 독일의 이주민, 그리고 한국에 동화된 외국 출신의 귀화인 등 K의 범주는 너무나 넓습니다.

K가 지금도 확장되고 더 나아가 새롭게 정의된다는 것이 단순히 기존 것의 보존이 아니라 새롭게 융합되는 것으로 관찰된다면, 새로운 K는 적어도 '대한민국'이라는 국가의 물리적 존재에 머무르지만은 않을 것입니다. 그렇기 때문에 대한민국에서 살고 있는 사람들 또는 대한민국 이전에 한반도라는 장소의 가치 체계에 머무르는 사람들의 종합적 정서는 점차 자연스레 확장되는 국면에 있습니다. 새로운 사람들이 만나고 교류하며 서로에게 좋은 것을 나누고 취하는 과정에서 새로운 K의 유니크한 감성들이 만들어질 것입니다.

무엇보다 중요한 것은 그 K가 전 세계 사람들의 마음을 움직일 만큼 '세련되다'라는 것입니다. 그렇기 때문에 원하는 사람들이 늘어나며 더 많은 사람들에게 수용될 것입니다. 이제 그 수용의 현장에 우리가 다가간 것이라고 조심스럽게 기대할 수 있습니다.

그렇다면 이제부터 해야 할 일은 K를 국가에 가두지 않고, 좀 더 열린 상태에서 새로운 인자를 수용하려는 마음을 갖는 것입니다. 그만큼 지금의 사회 변화에 공명함으로써 새로운 K를 만들어 나가는 것이 가장 필요합니다. 이를 위해서 해야 하는 일은 지키는 것이 아니라 개방성을 갖추는 일입니다. 박제하듯 문화재처럼 보존하고 전승하는 것에 머무르지 않고 지금도 새롭게 합의되고 확장되며 만들어지는 과정을 일상화하는 것이 필요합니다.

이렇듯 K의 주 무대는 대한민국이라는 물리적, 법률적 공간을 넘어 확장하고 있습니다. 에세이 《H마트에서 울다》에서도 한국 출신 어머니가 저자에게 소중한 경험을 형성해 주었지만 무대는 대부분 미국으로 묘사됩니다. 어렸을 적 방문했던 한국에서의 삶은 아린 추억으로 인식하고 있습니다. 뿐만 아니라 우리는 전 세계 사람들이 K에 관해 선망하며 한국 출신 멤버가 전혀 없는 그룹이 한국 밖, 다른 곳에서 결성되는 것을 목도하고 있습니다. 연이 없던 사람들도 정서와 양식을 수용하며 K로 다가오는 것이 가능해지는 만큼, K는 새롭게 확장될 수 있을 것입니다.

당신의 K는 대한민국입니까? 이렇듯 K를 국가와 동일한 범주로 바라본다면, 확장되는 K는 겨레의 소중함을 잃은 서운함으로 다가올지도 모르겠습니다. 하지만 확장된 K는 오히려 더 큰 품을 가질 수 있습니다.

'서울러'라는 소속감 혹은 구별 짓기

  세계 속 K가 새롭게 정의되어야 하기에, 이 땅의 정주자 입장에서의 K도 다시 생각해 보게 됩니다. 이제 점점 더 국가보다 내가 사는 도시가 중요해지고 있습니다. 이렇다 보니 나라를 위해 아이를 낳아야 한다는 말에 새로운 세대는 공감을 보내지 않습니다. 내국인들은 대한민국에 대한 국가적 자부심을 언제 느낄까요? 오히려 외국인이나 해외에서 살다 온 이들이 한국의 물질적 풍요, 편리한 시스템, 우수한 치안에 감탄하며 '한국은 선진국'이라고 치켜세우고 있지만, 정작 이 땅에 살고 있는 한국인은 경쟁과 스트레스로 인해 '헬조선'이라는 단어로 삶의 어려움을 자조적으로 설명하곤 했습니다.

  한국 안에서도 도시를 중심으로 생활권이 쪼개지며 이제는 세계지도 속 비슷한 도시들끼리 더 연대감을 느끼는 것 같습니다. 뉴욕, 파리, 런던, 상하이, 도쿄, 서울과 같이 나라보다 도시의 이름에서 더욱 익숙한 열망을 읽어낼 수 있습니다.

지금 서울은 파리나 런던, 뉴욕보다 '핫'한 도시입니다. 서울 사람은 문화적 인프라를 누리며 사는 것을 자랑스러워하고, 부산 사람 역시 특유의 지역색을 자랑삼아 이야기합니다. 자신이 사는 도시의 특색을 과시하며 '로컬 프라이드'를 느끼는 것이 삶의 즐거움으로 자리 잡고 있는 것입니다.

나의 세계관이 나의 경계

오랫동안 형성되어 온 '국가는 내가 살아가는 세계관'이라는 정서가 희미해지며 다음 세대로부터 그에 공감하기 어렵다는 반응이 나올 수도 있습니다. 많은 나라가 그렇겠지만 한국 또한 강대국들과의 관계가 세계관 형성의 주요 변인으로 작용했습니다. 그중 중국은 가장 큰 넓이를 가진 이웃 국가로 수천 년간 우리의 문화와 주권에 많은 영향력을 행사했습니다. 제도, 언어, 물류, 교역 등 크고 작은 분야에서 연결된 삶은 우리 의식의 형성에 영향을 주었습니다. 그러나 세대에 따라 이 관점 역시 계속 변화했습니다. 서로 다른 경험을 했기 때문입니다. 우리와는 1990년대 이후부터 교류를 시작한 중국은 서서히 문호를 개방하면서 쌀을 배급받던 저소득국가에서 엄청난 경제적 성장을 이룬 국가가 되었습니다. 최근에는 중국의 위상과 그에 대한 인식을 재정립해야 한다는 의견도 있지만, 중국은 노동력과 시장이라는 두 가지 차원에서 한국 경제에 중요한 동행자가 되었습니다. 미국에 대한 우리 사회의 인식 역시 정세의 변동에 따라 변화의 과정을 겪었습니다.

이처럼 국제 관계 속 생존을 위한 혁신의 결과로써 얻은 발전은 국내에만 머무르던 우리의 세계관을 확장시켰습니다. 여기에 미래 시점 가상의 우주를 배경으로 한 영화 〈가디언즈 오브 갤럭시〉 같은 작품은 지구를 벗어난 세계관까지 우리의 발상을 확장시킵니다. 상상 속 세계가 우주로 확대되며 사람들의 마음속에서 연결됩니다. 여기에는 지구라는 행성의 한계를 극복하고 싶은 인간의 소망이 담겨 있습니다. 중력에 기반한 우리 세계의 숙명을 거부하고 싶기 때문일 수 있습니다.

이처럼 저마다의 세계관을 가진 자는 각자의 세계에 매료됩니다. 누구는 〈스타워즈〉 팬이고 누구는 '마블 시네마틱 유니버스' 팬입니다. 이렇듯 이미 멀티 유니버스는 우리에게 익숙합니다. '리니지'의 전사는 게임 속에서 항상 청년이지만 본인은 환갑을 넘은 나이가 되었습니다. 그들은 자신의 꿈이 제한된 중력의 세상보다 더 공정한, 그리고 자신의 능력에 제한이 없는, 자신에게 꼭 맞는 세계 속의 능력치를 적립하고 있습니다. '나의 몸'은 중력과 위경도의 경계로 제한된 지표면의 물리적 국가에 있지만, '나의 세계'는 분할하며 세계관 또한 나눠지고 있습니다. 무중력 멀티버스의 시민이 되어가는 자신에게 물리적 국가는 베이스캠프 또는 정거장 정도로 역할이 제한될 수 있습니다.

'국가 부도'의 기억

할리우드 스튜디오에서 히어로물을 발표할 때, 게임 회사에서 새로운 게임 시리즈를 론칭할 때, 연예기획사에서 아이돌 그룹이 데뷔할 때마다 왜 그토록 '세계관 만들기'에 몰두하는지 그 이유가 여기 있습니다. 새로운 시대의 개인들은 국가가 아니라 자기만의 '세계관'을 선택해서 살기를 원합니다. 답답한 현실 속의 나보다 내가 원하는 세계관 속 자아를 진짜 자신이라 느끼기도 합니다. 물리적 현실의 나와 상상의 세계 속 나의 유격이 너무 클 때 분열이 일어나고 길을 잃기도 합니다. 상황이 이러하니 국가주의 세계관에만 머무른 시각으로는 여러 세계관을 동시에 가진 복수의 정체성을 가진 핵개인들과 소통할 수 없습니다.

이런 이유로 '결혼을 해야 어른이 되지'와 같은 이야기로 대화를 시작하는 순간 어느새 사라지는 상대의 뒷모습을 물끄러미 바라봐야 합니다. 우리 사회는 생존을 위한 집단의 노력이 가장 중요하다고 이야기하던 시절에서 개인의 소중함 역시 중요하다고 보듬는 사회로 이행된 기간이 상대적으로 짧았습니다. 이후 자신의 세계가 확장되고 다변화되는 전환이 빠르게 진행되며 각자는 발밑과 머리 위의 격변에 현기증을 느끼며 숨 가쁘게 적응하고 있는 듯합니다. 이렇듯 혼란스러운 각자가 서로의 어려움을 감싸 안기에는 아직 버거운 것입니다. 그래서 대화는 더욱 어렵고 상호 이해의 길은 멀고도 험해 보입니다.

시위 현장에 종종 등장하는 국기와 그들이 선망하는 다른 국가의 국기 역시 국가주의의 산물과 같습니다. 참여하는 이들의 아이덴티티가 국가인 것입니다. 혹자는 국가주의에서 개인주의로 넘어가는 시점을 1997년 IMF 경제 위기 때라고 보기도 합니다. '나라가 망했다'라는 신문기사 속 헤

드라인은 마음속에 상흔을 남겼습니다. 전 세계가 놀란 최단 시간 경제 위기 극복 이후에도 그 트라우마는 쉽게 극복되지 않은 듯합니다. 보호와 안정의 보루로 믿던 '국가가 망했다'는 말은 심리적 충격으로 남았습니다. 그 표현대로라면 그 시기의 사람들은 '나라가 망한 것'을 경험한 것입니다. 그리고 환란의 와중에 무엇이라도 해야겠다는 일념으로 '장롱 속 금을 판다'라는 행위에 동참했습니다. 그때 나온 비유는 '국채 보상 운동'이었습니다. 경제 위기를 국가의 존망의 문제로 인식한 것입니다.

지금까지 굳게 믿었던 토대가 흔들리는 경험은 수많은 사람들의 세계관에 균열을 만들기 시작했습니다. 그다음의 기전으로 나오는 반응은 그 지경이 되도록 '나라를 운영하던 당신들은 무엇을 했나'라고 묻는 것입니다. 그리고 '국가가 그토록 허술한 것이었다면, 이제 내 살길은 내가 찾아야겠구나'라는 '각자도생各自圖生'의 결심이 고개를 들었습니다.

각자의 선택, 도시 국가

그렇게 각자도생으로 무장한 개인들은 더 많은 기회와

삶의 단위는 이제

국가가 아니라 도시입니다.

뉴요커와 서울러의 정체성은

이렇게 시작됩니다.

일자리가 있는 서울로 몰려들었습니다. 도시공학을 전공한 건축가에게 지방과 서울의 균형 발전이라는 오랜 숙제에 관해 질문하자 이런 대답을 했습니다. "서울은 부산과 경쟁하는 것이 아니라 도쿄나 상하이 또는 뉴욕과 경쟁하게 될 것입니다." 이미 국경을 넘어 자기 삶의 범주를 확장하는 디지털 노마드들은 세계 여러 도시를 오가며 삽니다. 이런 상황에서 서울과 부산의 비교우위를 논하는 것은 한가로운 이야기가 될 것이라고 합니다.

검색 엔진에 'visa for skilled workers(숙련 노동자 비자)'라고 넣으면 여러 국가들이 주르륵 올라옵니다. 자신만의 전문성으로 어디에서든 일할 수 있으며 자신이 머무르는 도시와 국가에 기여할 수 있는 이들을 위한 비자 제도입니다. 본인뿐 아니라 배우자의 취업 허가를 제공하고 부모님을 모셔올 수 있으며, 1년~3년 이내에 영주권도 취득할 수 있다는 파격적인 조건에, 심지어 중간에 직업을 바꿀 수 있다는 너그러운 비자가 이민에 까다롭던 일본에서 허용되었습니다.[3]

AI와 같은 첨단 기술이 부가가치를 획기적으로 높이면서 많은 국가가 인재를 갈구하고 있습니다. 굴뚝산업에서 서비스 산업으로의 전환, 금융공학, 플랫폼 비즈니스 등으로 천문학적 부를 거머쥔 개인들이 늘어나는 와중에 이들을 향한 세제혜택을 내세우며 투자 이민을 유치하는 국가들도 빠르게 늘고 있습니다.

한 나라의 국적만 허용하던 기존의 방침이 서서히 무너지고 온라인으로 신청하면 국적을 주는 나라까지도 나오고 있습니다. 여기에 위생과 소비, 문화의 혜택을 포기할 수 없는 사람들은 국가가 아니라 자신들이 살아가는 범주로 뉴욕, 런던, 파리 같은 도시들을 선택하는 경향이 전 세계적으로 확산되고 있습니다.

한국에서도 본인의 정체성을 국가가 아니라 도시나 훨씬 작은 단위에 귀속시키면서 정체화하려는 움직임이 '서울러'라는 표현으로 구체화됩니다. 콩글리시 표현이지만 파리지앵 같은 선망을 담은 표현입니다. 이 단어는 본인보다 서울에 살기를 희망하는 사람들이 더 언급하는 표현으로, 그들은 스스로를 '지방러'라고 자조적으로 말합니다. 수도권 변두리 청년들의 애환을 리얼하게 그린 드라마 〈나의 해방일지〉가 엄청난 지지를 끌어낸 바 있습니다. '뮤지컬 공연 한 편 보려고 KTX의 비싼 요금과 1박 2일 호텔 비용을 지불해야 하는 지방러의 설움' 같은 이야기들이 온라인에서 관찰됩니다.

이런 표현은 서울과 지방으로만 나눠지지 않습니다.

"어디 사세요?"

이 질문에 대한 답에 그의 삶에 관한 모든 정보가 함축되어 있다고 믿는 사람도 있습니다. 분당 사람들은 성남이라는 말을 하지 않습니다. 판교 사람들은 분당이라는 말을 하지 않습니다. 심지어 서판교는 판교라 하지 않고 반드시 서판교라 합니다. '경기도 성남시 분당구 판교동'이라는 물리적 주소를 갖고 있지만 심리적 위계는 역순입니다. 가장 상위 서열에 서판교가 있다는 말이니 가장 작은 것이 가장 큰 것입니다.

국경의 문화적 윤곽이 희미해질수록 더 디테일한 '구별 짓기' 체계가 생겨난 셈입니다. 유니버스는 다층화되고 세계관은 넓어지는데 물리적 공간의 구별 짓기는 더욱 세세하게 심화되고 있으니, 인간의 모순성이 새삼 피부로 느껴집니다. 이렇게 도시 안에서도 집값 높고 분위기 좋은 핫 플레이스 단위로 자신의 공간을 세밀화시키는 이유는 무엇일까 생각해 봅니다. 그것은 소속감과 준거 집단에 대한 열망일 것입니다.

국가와 국적은 태어나는 순간 나의 의지와 상관없이 정해지지만 그들은 내가 살아갈 도시만큼은 내가 선택하는 자기 결정권의 영역 안에 있는 것이라 믿습니다. 그뿐만 아니라 세계인들은 더욱 코즈모폴리턴화 되어가고 있습니다. 뉴요커의 라이프를 선망하던 서울 사람들은 뉴욕에서 한 달 살기를 경험해 보거나, 굳이 그렇게 하지 않더라도 문화적 시차 없이 동일한 라이프 스타일을 수입해 '서울러의 삶'으로 치환합니다. 이런 이유로 서울과 뉴욕이 다양성, 역동성으로 경쟁하는 현실이 도래한 것입니다. 미래의 국가는 도시국가가 될 것이라는 학자들의 연구도 깊이 고민해 보아야 합니다.

'오리너구리'를 포용할 수 있는 세계

　오리너구리가 '오리너구리과' 동물이라는 것을 아시나요? 이를테면 우리의 우화 속 익숙한 동물인 호랑이는 고양이과, 표범속, 호랑이종에 속합니다. 반면 오리너구리는 오리너구리과, 오리너구리속, 오리너구리종입니다. 오리너구리는 다른 동물과의 분류에 속하지 않는 자기만의 계통을 가진 종입니다. 많은 기사에서 '가장 이상한 포유동물'로 언급되기도 합니다. 기사 속 오리너구리를 설명하는 표현으로는 신기함, 기괴함, 이상함 등이 따라옵니다. 분류학의 관점에서 보면 돌연변이 같은 종이지만 그들은 생존과 진화 과정에서 환경에 적응해 온 생명체일 뿐입니다.

　과학 시간에 배웠던 '종속과목강문계'는 식물학자 칼폰 린네가 생명체를 범주화하기 위해 만든 분류체계입니다. 이것은 불과 300년도 안 된 체계이고 이 분류법에 근거해서 분류가 안 되는 종들도 종종 발견됩니다. 오리너구리는 부리가 있는데 헤엄을 치고, 알을 낳는데 젖을 먹입니다. 이 경우 처음의 분류 기준들에 부합하지 않습니다. 그래서 오리너구리과가 되었던 것입니다.

우리는 새로운 대상을 발견하면 그들을 우리가 만든 분류의 틀에 가두고 구분 짓는 일에 익숙합니다. 하지만 분류당하는 당사자의 입장에서 보면 분류란 외부에서 규정짓는 시각에 불과합니다. 그들 스스로는 신기하지도, 기괴하지도, 이상하지도 않은 그 자신일 뿐입니다.

개개인의 특성이 다양화되고 모두가 오롯한 자신으로 정체성을 표현하는 지금의 시대입니다. 오리너구리의 존재는 우리 사회가 받아들여야 하는 다양성의 의미를 다시금 돌아보게 합니다.

국내 엔터테인먼트 산업의 선두주자 SM엔터테인먼트의 M&A 건이 화제가 된 일이 있습니다. BTS의 성공으로 큰 자본을 모은 하이브가 매수 의사를 표명하자 팬들은 반대하는 글을 올렸습니다. 그 주장은 '이미 하이브가 독과점인 상황에서 SM까지 합병하면, 마치 수험생들이 의대에 가려고 혈안이 된 것처럼 앞으로 좋은 연습생들은 전부 다 하이브만 가려고 하니 다양성을 해치게 된다'라는 논리를 펼쳤습니다. 그러면 K팝의 현재나 미래를 다 하이브가 장악할

것이고 생태계는 단일화돼서 쇠락의 길을 걷게 될 것임을
적시했습니다. 그들이 든 반면교사는 일본의 대형 연예기획
사인 자니스 독점의 폐해였습니다. 당시 J팝이 세계화에 실
패한 이유가 독점에 따른 다양성의 부재로 시대의 변화에
적응하지 못했다고 설명한 것입니다.

　이처럼 K팝 팬들은 다양성이 향후의 생존과 번영에 전
제 조건임을 이미 알고 있습니다. 독점은 미래의 싹을 모두
사라지게 만들어 생태계를 위협합니다. 다양한 음악이 있어
야 판이 바뀌었을 때 살아남을 수 있습니다. 매일 똑같은 것
만 하다가 전체 시장이 움직이면 경쟁력을 완전히 잃게 된
다는 사실을 팬들은 이미 이해하고 있습니다. 종은 그 안에
서 개체 다양성이 확보되지 않으면 한 번에 멸종합니다. K팝
을 생태계로 바라보고 문제를 제기했던 팬덤의 일침은 단일
하게 우수해지는 것보다 그 안에서 다양한 스펙트럼이 생기
는 것이 중요하다는 사실을 시장에 환기시켰습니다.

'다양성 담론'에 대한 '능력주의'의 반작용

　대학생들이 자기 학교와 전공을 타이포와 로고로 새긴

점퍼를 '과잠'이라고 합니다. 이는 보는 사람 입장에서는 '학교를 사랑하는 마음이 귀엽네' 정도로 생각할 수도 있습니다. 그런데 그것이 끝이 아니라, 유명 대학의 이름이 과잠에 붙으면 그 자체로 계급이 될 수 있습니다. 그러다 보면 구별이 치열해지는 폐해를 낳기도 합니다.

'너는 그냥 S대니? 나는 S대에 P고등학교야.' 이렇게 과잠에 출신 고등학교까지 적으면서 단계를 높이면 2관왕이 됩니다. 여기에 '메디컬 스쿨'까지 써 있으면 3관왕입니다. 이렇게 은연중에 계층화에 익숙해지고 특권 의식까지 갖게 된다면 세상 구석구석을 채운 다른 가치들을 발견할 기회를 놓치게 되지 않을까요? '나는 노력했으니까 드러낼 수 있다'라는 인식이 바로 메리토크라시meritocracy의 함정입니다. 능력주의, 다시 말해 나는 스스로 노력해서 획득한 능력을 갖고 있다는 인식입니다.

예일대학교 로스쿨 교수인 대니얼 마코비츠의 책 《엘리트 세습》의 원제는 '메리토크라시의 함정(The Meritocracy Trap)'입니다. 이 책은 '엘리트들이 사회문화적 지원이 없었다면 그 자리에 갈 수 있었을까?'라는 질문을 던집니다. 유명 대학 입학생의 부모들이 상대적으로 소득분위가 높다는 것은 이미 데이터로 증명되었습니다. 그렇기 때문에 그가

'내 능력'이라고 규정한 것에는 이미 여러 혜택이 포함되어 있습니다. 그런데도 '모두 다 내가 이룬 것'이라는 생각을 갖고 있다가는 다른 사회 구성원에 쉽게 공감하지 못하고 감사의 마음을 잃게 될 수도 있습니다.

얼마 전에는 서울의 상위권 대학 온라인 게시판에 익명으로 이런 글이 올라왔습니다.

"전 그동안 제가 살아온 인생에 자부심이 있었어요 (…) 그런데 요즘 인플루언서들의 성공을 보니 회의감이 많이 들더군요 (…) 이 스트레스 때문에 너무 힘이 드네요. 저는 남은 대학 생활도 학점 관리, 자소서, 면접 준비, 자격증에 치여 살 텐데, 그렇게 원하는 대기업에 들어가도 수입이 인플루언서들의 반의반도 안 될 거라는 생각에 의욕도 떨어지네요."

우리 주변을 돌아보면 공부 잘하는 것과 소득이 반드시 비례하는 것은 아님을 알 수 있습니다. 그뿐만 아니라 성취의 기준이 금전에 의한 보상으로만 측정될 수 있는 것은 아닙니다.

우리는 수직적 능력주의의 함정에서 벗어나 수평적 사고의 다양성을 고민하는 것이 더 중요한 시점에 와 있습니다. 산업화 시대만큼 경제가 지속적인 팽창을 담보하지 않는 저성장 사회에서는 모든 영역에서 생태계 관점의 지속성을 고민해야 하기 때문입니다.

한 사회 안에서 다양성은 그 자체로 수치화할 수 있습니다. 다양성에 관한 수치는 종의 다양함과 분포를 기반으로 합니다. 이 수치는 한 집단 안에서 얼마나 다양한 개체가 존재하느냐와 각각의 개체가 얼마나 균형 있게 분포하느냐의 총량으로 다뤄집니다.[4] 예를 들어서 '여러분의 회사에 다양성이 확보됐습니까?'라는 질문에 '우리도 있어요, 장애인 한 분'이라고 대답했다고 한다면, 그것은 분포가 다양한 것이라 볼 수 없습니다. 적정한 숫자가 있어야 목소리를 내고 다양성이 활성화되기 때문입니다.

최근 사회적 압력으로 다양성을 독려하고 검증하고자 하니 기업의 인사 파트에서는 이런 이야기가 오가기도 합니다.

"우리도 해야 되는 거 아니야? 성평등 반영해야지."

"그러면 최소한으로 뽑아. ESG 기준에 이사회의 성性 다양성이 필요하다니 뽑아. 한 명만!"

이렇게 최소한으로 시늉만 한 다양성은 충분한 목소리를 반영할 수 없습니다.

점점 더 많은 문헌들이 '다양성이 유리한 것이다'라고 발표하기 시작했습니다. 다양성이 있는 조직이 위기에 더 잘

견딘다는 연구 결과가 속속 나오고 있는 것입니다. 매슈 사이드의 《다이버시티 파워》라는 책은 다양성이 있으면 왼쪽, 오른쪽, 가운데를 넓게 탐색해 보고 더 나은 답을 얻을 수 있다고 이야기하고 있습니다.

여기서 주의해야 할 점은 다양성이 확보된다고 성과가 바로 나오는 게 아니라는 것입니다. 당장은 업무 갈등이 생기고 통합이 어려워지는 문제가 있습니다. 대신 시간이 지날수록 창의성이 발현되고 만족도가 올라간다고 합니다.[5] 갈등과 통합이 주요한 이슈이긴 해도 창의성과 만족도가 더욱 중요해지는 사회가 오고 있습니다. AI의 도입이 가속화될수록 무모한 실행을 근면하게만 수행하는 인간보다 똑똑하고 창의적인 사고를 하는 인간이 더 필요하기 때문입니다. 정해진 일은 AI가 잘합니다. 밤새워서 빨리 납품하는 일들은 모두 로봇이 합니다. 이해 충돌을 조정해서 더 나은 해결책을 만드는 것이 다양성 사회의 창의성입니다. 그러니 다양성 없이는 기업을 꾸리지 못할 것 같습니다.

조직 내에서 구성원의 다양성을 꾸렸다고 해서 모든 준비가 끝난 것은 아닙니다. 연령, 성별, 전공 등 구성원의 다양성을 확보한다 해도 대화 순서의 평등성, 친화적인 분위기, 팀원 각자의 특장점을 융합적으로 활용할 수 있는 노력

이 없다면 명목적 다양성은 유명무실하다고 합니다.[6]

예전에 한 회사의 크리에이티브 워크숍에 갔다가 놀란 경험이 있습니다. 구성원들이 발표를 주저하니까 상무님이 일어나서 소리를 질렀습니다.

"창의적이 되란 말이야!"

순간 분위기가 얼어붙었습니다. 이런 상황에서 어떻게 창의적이 될 수 있을까요? 결과가 좋지 못한 프로젝트를 맡은 P차장이 시말서를 써야 한다면 누가 새로운 시도를 할까요? 칭찬은 개인에게 해야 하고 책임은 같이 져야 합니다. 칭찬은 집단으로 받고 책임은 개인이 지는 구조에서는 먼저 나서는 사람이 바보가 됩니다. 이처럼 다양성의 이점도 조직의 문화가 바뀌어야 실효적으로 작동합니다.

그렇다면 다양성보다 선행해야 할 것이 형평성입니다. 형평성이 보장된 환경에서 안전함을 느껴야 구성원들은 자신의 이야기를 시작합니다. 그 이야기를 들어줘야 또 다음 이야기를 이어갈 것입니다. 그렇다면 형평성이 먼저, 포용성이 그다음, 마지막이 다양성입니다. 다양성은 형평성과 포용성을 바탕으로 맺은 열매입니다.

다양성은 항상 포용성과 함께 갑니다. 포용성이 가지를 드리우지 않으면 다양성이라는 열매를 맺을 수 없습니다. 한 연구에서 기업 이사회의 성별 할당제가 성과에 미치는 영향을 조사한 적이 있습니다. 91개국 2만 1,980개 기업을 대상으로 조사한 결과 기업 경영진 중에 여성이 있으면 기업 성과가 향상될 수 있으나, 이는 여성 임원에 대한 차별적 태도의 부재, 직원들의 육아휴직 사용 가능 여부 등의 특성과 상관관계가 있는 것으로 나타났다고 합니다.[7] 안정감이 없는 곳에서는 창의성이 나오기 어렵습니다. 중요한 것은 '마이너리티'를 맞이할 준비가 돼 있어야 한다는 것입니다. 어떤 집단이든 소수자가 일정한 규모 이상의 자리를 차지할 때, 그들만의 목소리를 내면서 변화가 시작됩니다.

뿐만 아니라 자리를 부족하게 두고 서로 경쟁시키는 '의자 뺏기 게임' 구조를 만들면 포용성이 생기기 어렵습니다. 일방적인 순환 발령처럼 나의 전문성을 쌓을 기회를 빼앗기면 불안이 커지고 관점이 제한될 수밖에 없습니다. 이럴수록 새로운 대상에 대한 포용성을 발휘하기도 어려워집니다.

교류는 다양성을 위해 매우 중요합니다. 수많은 선박이 오가는 항구는 어느 누가 오더라도 차별하지 않습니다. 차별하는 순간 교역이 위축되기 때문입니다. 이처럼 교역이 있는 곳은 다양성이 기본으로 확보됩니다. 그래서 연결성이 높은 항구 도시들은 다양성에 관한 염려가 적습니다. 교류가 있는 곳은 상업 활동과 사업을 위해서라도 다양성이 자연스럽게 보존되기 때문입니다.

한국은 지리적으로는 반도이지만, 위쪽 국경이 휴전선으로 막혀 있으니 공간 지각적으로 섬에 가깝습니다. 국경이 여러 나라와 면한 유럽과는 달리 한국은 끊겨 있습니다. 게다가 과거에는 해외여행을 금지했기 때문에 교류 경험이 제한적이었습니다. 이 땅의 밖으로 나가본 적이 없다는 것이 함정입니다.

한국이 공무나 기업 출장, 유학 등이 아닌 해외여행을 처음 허가한 때는 1983년이었습니다. 당시에는 50세 이상 국민에 한해 200만 원을 예치하는 조건으로 연 1회 유효한 관광 여권을 발급했다고 합니다.[8] 이후 해외여행이 가능한 연령을 조금씩 낮췄고 1986년 아시안 게임과 1988년 서울 올림픽을 치른 뒤에야 고립에서 벗어나 국제화와 개방화의 물결에 동참했습니다. 해외여행이 전면 자유화된 때가 1989년입니다. 그때부터 대학생들의 유럽 배낭여행 수요가 폭발했습니다.

그전까지는 바깥 세계를 글로 보고 상상만 했던 것입니다. 실전과 경험으로 익히지 못하면 단순 분류에 의한 피상적 사고를 하게 됩니다.

단언하면 곤란합니다. 내가 새로운 걸 발견하고 있고 이를 기반으로 새로운 형태의 유추가 가능해졌다는 이야기입니다. 이것이 바로 연역과 귀납의 차이입니다. 연역은 주어진 전제를 바탕으로 결론을 도출하는 방식이고, 귀납은 구체적 사례를 관찰한 다음에 조심스럽게 법칙을 만들어 나갑니다. 최근에 귀납이 주목받고 있습니다. 귀납이 바로 머신러닝machine learning, 즉 기계 학습 방법이기 때문입니다. 기계 학습은 발생하는 현상을 기반으로 패턴을 바라보고 규칙을 탐구하는 것입니다. 이것이 가능해진 이유가 빅데이터와 AI 덕분입니다. 다양성 시대에 맞는 인간의 태세를 정해야 합니다. '오리너구리'를 수용하는 것뿐 아니라 본인이 '오리너구리'가 되는 것을 주저하지 말아야 합니다. 경계를 버리고, 감각을 벼리는 것이 필요합니다.

무주군 이장 필리핀댁 김조이 씨, 정상 가족, 확장된 가족

눈을 들어 넓게 보면 우리 삶에는 이미 다양한 변화들이 펼쳐지고 있습니다. 전라북도 무주군의 이장은 필리핀댁 김조이 씨입니다. 젊은 사람이 급격히 줄어들었는데 활달하고 이타적인 조이 씨가 이장에는 적격이라, '마을 어르신들이 떠밀다시피 해' 후보로 추천됐고 70%의 찬성으로 뽑혔습니다.

경상북도 군위군은 대구시에 편입되었습니다. 군위군은 서울시보다 넓지만 인구는 3만 명이 되지 않습니다. 강원도 홍천군은 서울의 3배 면적이지만 6만 명 남짓한 사람들이 살고 있습니다. 이처럼 지역 인구가 급감하며 세계 여러 나라에서 온 사람들이 그 자리를 메워주고 있습니다.

K팝 그룹은 멤버 구성 자체가 이미 다국적입니다. 그들의 뮤직비디오 출연진 역시 다양성을 기반으로 합니다. 대상 시장이 넓기 때문이기도 하지만 다음 세대는 이미 '피부색이 뭐가 중요해. 국적은 다양할수록 좋지'라는 메시지를 수용하고 있습니다. 그들은 이미 전 세계와 교류하고 있습니다.

여러 사람들이 섞여 살고 있는 연방국들은 훨씬 성긴 구조를 갖고 있습니다. 〈모던 패밀리〉라는 미국 드라마가 있습니다. 세 가족의 이야기입니다. 첫 번째 가족은 미국인 남성과 콜롬비아 출신 여성이 꾸립니다. 이전 결혼 생활에서 낳은 아이와 새로 낳은 아이, 그리고 또 하나의 아이인 강아지가 한 가족입니다. 두 번째는 첫 번째 가족의 딸과 남편, 그들의 세 아이가 한 가족입니다. 세 번째는 첫 번째 가족의 아들과 동성 결혼한 파트너, 그리고 베트남에서 입양한 딸이 한 가족입니다. 이 세 가족은 모두 하나의 큰 가족입니다. 그래서 제목이 현대 가족이라는 〈모던 패밀리〉입니다. 삶의 다양성을 제시하는 것입니다. 이들의 삶이 다르지 않음을 보고 나와 가까운 곳에서 다양성이 벌어지고 있다는 사실을 수용하도록 돕는 것입니다.

그런데 한국은 아직도 아침 드라마에서 출생의 비밀을 이야기합니다. 새로 태어나는 아이가 빠르게 줄어들어 인구 구조의 급격한 변화라는 심각한 문제를 풀어야 한다면서도 '출생'은 반드시 결혼을 전제로 이야기합니다.

프랑스는 혼외 출생자가 60%가 넘는다고 합니다. 이에 반해 한국은 OECD 국가 중 혼외 출생자의 비율이 가장 낮은 국가입니다. 혼외자 출생 비율이 3%가 채 되지 않습니다. 가까운 일본 역시 3% 이하입니다.[9] 두 나라 모두 바닥 수준입니다. 사회 분위기가 이리하면 결혼을 하지 않은 채로 아이를 낳을 수가 없습니다. 그런데 알다시피 결혼이 힘듭니다. 높아진 주거 비용과 수도권 집중의 초경쟁 사회, 가사와 일의 양립이 어려운 근무 환경 등 사회 문화적 지원 시스템의 미비로 출생률이 높아질 수 없는 구조입니다. 그럼에도 정책이 출생률을 높이기 위해 결혼을 장려하는 방향으로만 일원화한다면 그 결과는 나아지기 어렵습니다. 결혼은 할 수도, 안 할 수도 있습니다. 두 번 또는 그 이상 할 수도 있습니다. 모두 다 개인의 선택입니다. 결혼하지 않고 아이를 낳을 수 있다는 생각의 수용이 요구되는 시점입니다. 다양한 개인의 삶인데 자꾸 하나의 방식으로 이치에 맞지 않는 '정상성'을 강요하면 출발부터 대화가 어렵습니다.

오랫동안 우리들의 머릿속을 지배해 온 것이 지금은 불편한 단어로 인식하는 '정상 가정'이라는 환상입니다. '정상 가정'이라는 단어를 듣고 5월 5일에 엄마 아빠가 아이 둘을 데리고 어린이대공원에 가서 뛰어노는 모습이 떠오르신다면, 이 모습에서 벗어난 형태를 '결손 가정'이라는 폭력적인 표현으로 부르던 때가 있었던 것도 기억하실 것입니다. 이 시기에 태어나 이러한 압력을 받고 자란 우리 모두가 피해자입니다. 그런 단어를 듣고 자란 우리 모두는 겁이 납니다. 혼인을 선택한 뒤 유지하지 않는 결정을 한다면 이것은 각자의 행복을 추구하기 때문입니다. 그런데 이혼하는 순간 우리 아이들이 사회적으로 냉대를 받지 않을까 고민해야 한다면 그 시스템 속에서 우리 모두의 행복은 결코 도모하기 어려운 일이 됩니다. 결혼을 선택하든 그렇지 않든, 그것은 개인의 자유입니다.

'국민교육헌장'의 공허한 메아리

"당신에게 충성심이란 무엇입니까?" 전직 군인이었던 친구에게 물어본 적이 있습니다.

충성이라는 말 자체가 국가나 리더나 압도적인 거대한 대상에게 갖는 감정이라 할 수 있습니다. 그는 한참 고민하더니 자신한테 충성심은 곧 인격과 마찬가지라고 대답했습니다. 그는 어린 시절부터 견리사의見利思義와 결초보은結草報恩의 마음이 강했다고 합니다. 충성심이 타고난 사람이 따로 있나 싶었는데 가계를 탐문해 보니 할아버지 때부터 이어진 군인 집안이었습니다. 경외하는 마음과 순종적인 기질을 타고난 사람도 있겠으나 한편으론 가풍과 교육의 영향도 무시할 수 없습니다.

이처럼 삶의 세세한 부분까지 충성심이 가득한 사람이 있는 반면, 우리는 때때로 '나는 왜 충성심이 그토록 없을까' 하는 의문이 들기도 합니다. 조직과 시스템에 적응하기 위해서는 충성심을 가져보는 것이 제법 도움이 되기 때문입니다. 물론 대상에 대한 귀속감보다 자기 소속감으로 살아가는 분들 역시 꽤 있습니다. 그렇지만 부모 또는 조직의 보호 아래 안정감을 찾는 사람들, 다시 말해 귀속되어 편한 사람들도 많습니다. 회사에 충성하고 국가에 충성하는 것은 그 나름의 가치가 분명 있으나 이제 확실한 것은 충성이라는 개념 자체가 예전의 밀도가 아니라는 사실입니다.

학력이 최고의 약력이라면

'우리는 민족 중흥의 역사적 사명을 띠고 이 땅에 태어났다'로 시작하는 국민교육헌장을 다 외워야 집에 보내주던 시절이 있었습니다. 열 살 남짓한 아이들에게 '우리가 태어날 때부터 국가적 사명을 갖고 있다'는 전체주의적 사고를 입에 붙도록 강제한 것입니다. 옛날의 집단적 사고를 반영하듯 2001년부터 2008년까지 교육부의 명칭이 '교육인적자원부'였습니다. 국민을 주체성을 지닌 개인이 아니라 국가를 위한 자원으로 보는 시각이 그대로 드러난 것입니다. 일제강점기 때부터 내려오던 국가주의적 흔적은 지금도 여러 곳에

남아 있습니다.

국가주의는 분명 쇠락하고 있고 거기에는 단 하나의 이유만 있는 것은 아닙니다. 먼저 시대가 변하며 자원 배분의 중심이 국가에서 기업 등 다른 주체로 분산되었고, 특히나 국경을 넘어 부가가치가 창출되는 일이 잦아졌습니다. 현대화 속에 개인의 자아가 각성하며 국가 혹은 집단에 대한 충성이 각자의 주체적 삶으로 그 동기부여가 개별화되기도 했습니다. 이 와중에 개별 국가들은 전 세계 사람들을 대상으로 '우리를 선택해 달라'며 방문과 이민을 세일즈해야 하는 상황입니다.

글로벌 이동의 활성화는 국가의 테두리를 넘어선 새로운 기회들을 낳았습니다. 국가로 상징되던 기득권 집단의 높은 권위는 이제 개인의 삶으로 쪼개져서 녹아들고 있습니다. 이에 많은 행정 조직은 국민을 소비자로 설정하고 누수 없는 서비스 설계에 총력을 기울일 수밖에 없는 것입니다.

한편에서는 혹독한 식민지 경험과 전쟁을 치르고 잿더미에서 시작한 한국의 국가주의는 좀 달리 봐야 한다는 의견도 있습니다. 한국은 전쟁터였기에 그다음의 삶도 혹독한 경쟁으로 생존해 온 것이라는 설명입니다. 경쟁과 전쟁에 최적화되어 불평을 쏟아놓으면서도 국가의 규칙에 저항 없이 잘 따른다고 보는 것입니다.

코로나 바이러스가 기승을 부리던 시기의 K방역을 그 예로 들기도 합니다. 위기 때마다 공동체의 규칙과 협력을 우선해서 이겨내는 한국인의 태도는 그만큼 전쟁이 일상화된 삶의 방증이라고 설명하는 것입니다. 이런 이유로 우리는 지금도 전쟁과 같다는 이야기를 웃픈 농담이라 믿고 싶어 합니다.

그런데 실제로 전쟁 상황이 아니라고 할지라도 사회를 일사불란하게 움직이도록 만들기 위해 갖춰왔던 계급, 명령, 권위의 체계는 우리 인식 속에 계층적 사고를 형성시켰습니다. 이 계층적 사고는 같은 계급끼리의 경쟁에서 생존한 소수가 점차 높은 계급으로 올라가는 일이 당연하다는 인식과 맞닿아 있습니다. 이는 우월의 문제가 아니라 집단주의 안의 효율성에서 기인한 것이지만, 계층 자체가 권력이 되는 부작용을 낳았습니다. 이처럼 '네가 죽어야 내가 사는' 서바이벌 구조는 수많은 오디션 프로그램과 전 세계를 놀라게 한 〈오징어 게임〉이라는 드라마에서 처절하게 보여준 바 있습니다.

이러한 사회적 인식 속에 자연스럽게 우열이 정의되고, 직위와 학벌 같은 위치가 하나의 권위적인 표상이 됩니다.

일본의 교육학자 아마노 이쿠오는 그의 책 《제국대학》에서 일본의 제국대학이 '근대화·산업화 수요 부응 개발도상국형 대학'으로서 엘리트 기능인의 공급 파이프라인으로 작동했다고 설명합니다. 우리 사회에서도 교육과 일자리를 연결하는 국가 주도의 시스템 속에서 학벌은 인생 전체의 등급을 결정하는 막강한 기준이 되고 말았습니다. 50대가 훌쩍 넘어서도 어느 대학을 나왔는지 학력을 나열하는 관행, 다닌 고등학교까지 언급하며 한 개인의 출신을 규정하려 드는 습성은 새로운 시대로의 진입을 가로막습니다. 이 시스템 속에서 매번 단계별 좌절을 체험한 사람들은 인생의 열패감을 느끼지 않을 수가 없습니다. 환갑의 나이에도 가끔 학력고사 수학 문제를 틀리는 악몽을 꾼다는 한 대학 교수의 이야기는 과장이 아닙니다. 그 당시의 긴장과 시험 트라우마가 지금도 공기처럼 우리를 압도하고 있습니다.

무엇보다 가장 경계할 것은 학력만이 전부인 이력입니다. 다른 이에게 무엇인가 이로운 것을 주는 행위를 사회적 성취라 정의한다면, 배우는 이유는 깨치고 얻은 지혜를 모두에게 돌려주는 것이라 할 수 있습니다. 그렇다면 학력은 사회적 성취의 단계에서 필요한 준비일 뿐, 그 자체가 성취라 보긴 어렵습니다. 학력을 얻기까지의 과정이 치열하다 해서 학력 그 자체를 성과로 평가하는 사회는 돌려줌 없는 이기적 인간을 양산할 수 있습니다.

학벌을 성취라 생각하고 안주하는 이들도 있지만 이내 그것을 잊고 겸허하게 끊임없는 노력을 경주하는 이들도 있습니다. 권위의 명패를 벗어 던지고 일신하며 나아가는 이들에게 학위의 끝인 졸업은 새로운 시작을 의미합니다.

권위주의 잔혹사

집단주의의 폭력은 중학교 입학에서 시작했다고 기억하는 분들도 많습니다. 아침마다 교문에서 맞아본 기억이 폭력의 출발입니다. 목까지 호크를 채운 단정한 검은 교복, 각도를 맞춘 명찰, 가방은 공손히, 모자는 반듯하게, 그중 하나라도 부족하면 혼찌검이 났습니다. 무서운 선도부 선배가 앞에, 몽둥이를 든 선생님이 뒤에 서 있었습니다. 그런 군대식 문화에 여전히 길들여져 있는 '꼰대 아저씨'들을 비판하면서도 그들의 지난 이야기를 들어보면 짠한 마음이 듭니다. 〈친구〉나 〈말죽거리 잔혹사〉 같은 영화에서 구조적 폭력에 순응하지 않는 캐릭터는 대리만족의 상징입니다. 하지만 굴종을 거부한 그의 삶이 이후에 어떻게 전개될 것인가 걱정되기 시작하는 순간, 스스로가 기성세대가 되고 있음을 느끼며 슬픈 마음이 듭니다.

그런데 다시 생각해 보면 규칙을 만들어놓고 규칙을 넘어간 사람을 영웅화시키는 식으로 이야기하면 나머지 대다수가 억울해집니다. 탈권위를 위한 운동을 체계화했던 사람들의 모습은 웹툰 〈송곳〉에서 저항을 주체적으로 실행하는 등장인물로부터 찾아볼 수 있습니다. 그렇다면 지금의 새로운 개인들이 탈권위 역학의 진정한 수혜자라고 할 수 있는지 고민해 보아야 합니다. 무엇보다 기성세대가 느끼는 박탈감만큼 청년들은 우리 사회가 정말 평등해졌다고 느끼는지 살펴보면 그렇지 않다는 의견이 적지 않습니다.

천정부지로 올라간 집값 때문에 결혼을 포기하거나 가상화폐에 올인하는 청년들은 자신들의 의견이 시스템에 제대로 반영되지 않는다고 분노합니다. 점점 더 낮아지는 출생률과 그로 인한 인구 구조의 역전이 사회 문제로 심각하게 제기되고 있습니다. 사회 참여에 대한 냉담함과 의사결정에서 젊은 층의 참여 포기 등이 나타나는 이유는 현재의 시스템에서 본인의 의사 표현이 전체 의사결정에 영향을 주지 못하는 것에 좌절하기 때문이기도 합니다.

젊은 세대의 뚜렷한 의식과 정체성 중 어떤 것들은 기성세대로부터 피로하게 느꼈던 행위나 가치의 반작용이기도 합니다. 그렇기 때문에 지금 사회를 움직이는 젊은 세대의 성향과 가치관을 이해하기 위해서라도 그 반대항에 있는 권위주의의 형태들을 분해해서 살펴볼 필요가 있습니다.

서양의 개인주의가 인간다움, 인본주의의 연장선에서 발현되었다면, 한국의 개인주의는 권위주의의 반대 역학으로 돌출되었습니다. 1995년의 한 신문 기사를 보면 '개인주의 팽배로 사회 붕괴 우려'라는 문장이 나옵니다. 그 기사에 따르면 당시 개인주의자는 악당의 다른 표현이었습니다. 20여 년이 지나 우리는 이제 건강한 개인주의가 모두에게 도움이 된다는 논의를 자연스럽게 나누고 있습니다.

이 모든 게 결국 역학의 변화라고 생각합니다. 더 선진화된 것이 아니라 개인이 힘을 더 갖게 된 것뿐입니다. 집단으로 작동하던 생산 모둠의 집합 시스템이 개인 중심의 플랫폼 사회로 바뀌면서 기성세대가 생각을 수정하기도 전에 갑자기 힘의 흐름이 바뀐 것입니다. 굴뚝 산업이 IT 산업으로 전환되면서 한 사람 한 사람의 힘이 커지게 된 것과 같습니다.

따라서 젊은 층은 자신들의 번영과 생명력을 제한하는

새로운 규칙을 마주할 때마다

표현의 현행화는 반드시 필요합니다.

언어에는

바뀐 세계의 질서가

담겨 있습니다.

그 모든 것을 '권위적'이라고 느낍니다. 앞으로의 핵개인들은 '권위적이다'라는 말 자체를 더욱 혐오의 감정으로 받아들일 확률이 높습니다.

그렇다면 사회의 새로운 규칙에 대해서 냉철히 고민해봐야 합니다. 그러기 위해 과거도 알아야 하고, 현재의 사회도 알아야 하고, 내가 살고 있는 터전에 대한 이해도 함양해야 합니다. 마지막으로 미래도 알아야 합니다. 그래야만 어떤 형태의 문화를 남기고 어떤 형태의 문화를 새롭게 수용할 것인가 바라볼 수 있습니다.

그렇다면 가장 중요한 속성은 적응적 기제입니다. 어떤 것도 반드시 지킬 것은 없다는 사실을, 모든 것은 우리가 지금 만들어 나가고 있다는 명제를 잊지 말아야 합니다. 이것을 통해 현재 무엇이 부족하고 무엇이 필요한지 탐색해야 합니다. 그리고 탐색의 결과로 요구되는 것들을 궁리해 새로이 만들어 나가야 할 것입니다.

언어 습관이 조직의 운명을 바꾼다

"양성평등이라는 말부터 문제가 있어요."

20대 도반들과 스터디를 하던 중 일어난 일입니다. 요즘 중요한 이슈 중 '양성평등' 문제에 관해서 이야기해 보자고 했습니다.

"잠깐만요, 양성이라니요? 모든 성이라고 해야죠. 양성은 편협한 범주예요. 남성, 여성 외에 퀴어의 스펙트럼이 얼마나 넓은데 왜 양성이라고 그러세요?"

무심결에 내뱉은 말에 바로 제동이 걸렸습니다. 양성평등이 아니라 그냥 성평등이라고 해야 한다는 설명입니다.

다양한 대상에 대해 인지하지 못하고 차별하거나, 선입견으로 제한된 언어를 사용하고 있는 것은 아닌지 생각해 보게 됩니다. 언어에는 바뀐 세계의 질서가 담겨 있습니다. 예를 들어 임직원은 구성원으로, 채용은 영입으로 표현하는 것은 조직이 더 수평적인 관계로 나아가고 있다는 것을 의

미합니다.

이마트의 PB 브랜드 중 노브랜드가 있습니다. 한국에서 만들어낸 이마트에 관해 한국 사람들이 갖고 있는 인식은 좀 특별합니다. 월마트와 까르푸 같은 글로벌 유통 대기업과의 경쟁에서 이긴 토종 마트라는 자부심이 강하게 남아 있기 때문입니다. 노브랜드는 질 좋은 물건을 합리적인 가격으로 팔기 위해 브랜드를 붙이지 않겠다는 의미로 네이밍한 이마트의 자체 브랜드입니다.

그런데 노브랜드가 햄버거 사업을 처음으로 시작할 때 내세운 광고 모델이 온라인에서 이슈가 되었습니다.

'검은 피부 모델이라니, 한국에서 만들어진 브랜드라며 외국인을 모델로 쓰는 것이 올바른 일인가?'라는 댓글이 논란의 출발점이 되었습니다.

소비자들의 직관적인 추측과 달리 그 모델은 한국인이었습니다. 이름은 한현민 씨로, 아버지는 나이지리아 출신이지만 어머니는 한국인이고 한국에서 태어나 한국어를 구사합니다. 그러자 다시 댓글이 달렸습니다.

'한국인이 검은 피부일 리 없다고 생각하는 당신은 편협한 사람이군요.'

우리가 생각하는 '우리'라는 범주가 매우 좁다는 것을

알게 된 사건입니다. 부지불식간에 우리는 마음속으로 한국 출신의, 한국 국적의, 대다수와 같은 외양을 지닌 사람만이 한국인이라고 규정해 왔던 것입니다. 하나라도 다른 부분이 있으면 한국인이 아니라고 판단하는 것입니다.

이렇게 기준이 엄격했던 이유는 '무엇이든 한 가지로 통일해야 좋다'라는 획일과 효율의 강박이 한국인의 가치 규범으로 자리 잡아 왔기 때문입니다. 심지어 식당에 가도 '메뉴를 통일하라'는 독촉에 시달립니다. 누구나 공감할 사례가 있습니다. 중국음식점에 가면 부장님은 늘 '마음대로 시켜' 하고는 '나는 짜장면!'이라고 선창합니다. 그러면 그 다음 사람들은 윗사람 눈치를 보며 짜장면을 시킵니다. 누군가 볶음밥이나 울면을 시키면 주문받으러 온 종업원마저 '같은 것으로 주문해야 빨리 나온다'라며 메뉴의 통일을 종용합니다. 그야말로 먹고 싶은 것도 마음대로 먹을 수 없었습니다.

당신의 욕망은 감춰야 했습니다. 이유는 '개인'이 중요하지 않다고 생각했기 때문입니다.

"네가 뭐가 중요해, '우리'가 중요하지."

관점의 재정의, 언어의 현행화

집단주의적 사고가 힘을 얻은 이유는 효율이 최고의 기준이었기 때문입니다. 바쁜 시간에 주방에서 음식을 하나씩 만들려면 시간이 오래 걸립니다. 점심시간은 한 시간이라 고객 회전율이 높아야 이윤이 커집니다. 이런 사정을 알고 있는 손님이라면 '메뉴 통일'에 수긍할 수밖에 없었던 것입니다. 다른 사회의 눈으로 보면 이해할 수 없는 관행입니다.

이러저러한 이유로 우리는 본인의 욕망을 표출하는 것을 금기시하며 살았습니다. 의사결정을 주도하는 자리에서는 지위고하를 더욱 확실히 합니다. 새로 들어온 구성원을 환영하는 회식에서 L부장이 '소주 한잔하겠나?'라고 물었을 때 '저는 하이볼이요!'라고 하면 부장님의 안색이 변합니다. '내가 한 병에 몇천 원짜리 소주를 마시겠다는데 나보다 후배가 한 잔에 두 배 넘는 가격인 하이볼을 시키겠다니!'

이유는 간단합니다. L부장은 지금껏 자신의 욕망을 마음 놓고 표출하지 못했기 때문입니다. '나는 지금까지 20년간 내 욕망을 드러내지 못했는데, 어떻게 새로 들어온 친구가 그걸 얘기할 수 있지?' 그는 상급자의 취향에 맞추는 것을 직장인의 도리라고 여겨왔기에 젊은 사람이 주저 없이 자신의 욕망을 표출하는 풍경이 낯선 것입니다. 새로 들어온 친구를 위한 자리라면 그가 먹고 싶은 걸 그냥 시켜주면 될 터인데 말입니다. L부장은 L차장에게 '요즘 친구들은 거침이 없네'라며 알아서 정리하라는 눈빛을 보냅니다. 이 모든 것이 전부 내 욕망을 펼치지 못하고 살아온 사람들이 되갚음을 하고 있는 것입니다.

먹고 싶은 것도 고르지 못한 사회는 단일화된 사회입니다. 그리고 단일화된 사회는 필연적으로 배타적이 됩니다. '하나'만 고르고 '우리'를 우선시하면 여러 가능한 선택지를 고려하지 못합니다. 그러한 사회는 경계 밖의 타자를 적대시하는 사회로 축소됩니다. '우리'를 이야기하는 순간 '우리가 아닌 사람들'을 백안시합니다.

하지만 이제는 교류의 대상이 넓어지고 접점이 커지며 다양성을 고려해야 하는 사회로 접어들었습니다. 그리고 이를 인식한 핵개인들이 다양성을 원하고 있기에 다양성을 배제한 채 말하는 순간 새로운 세대와의 커뮤니케이션에 벽이 생깁니다. 다양성이 기본인 새로운 세대와 달리 이전 세대는 이렇게까지 갑작스레 확산되는 다양성을 체험해 본 적이 없다는 것이 함정입니다. 주변 이웃들이 거의 다 나와 같은 피부색의 한국인이라고 해서 '몇 안 되는 다른 사람들을 위해

뭘 그리 신경 쓰나' 하는 태도를 보인다면 이 사회에 합류하고 싶은 타국 출신의 사람들을 위축시킵니다. 소수자에 대한 인식과 차별 역시 문제가 됩니다. 다양성에 관한 이해가 없으면 혐오와 차별이 생깁니다. 우리와 다른 그를 증오하고 솎아내려는 일이 벌어집니다.

사회적 소수자, 성 정체성, 장애인, 연령, 외국인, 지방, 그리고 노동 분야에서는 임금, 학력 같은 것들이 전부 다 한국 사회에 아직도 존재하는 차별입니다. 업무 현장에서 함께 섞여 일하지만 정규직, 계약직, 외주사 정규직, 외주사 계약직, 일용직에 이르기까지 계약 형태와 처우가 공정치 못한 경우도 발생합니다.

이러한 긴장이 능력과 직무의 차이에서만 벌어지는 것이 아니라는 사실은 다들 알고 있습니다. 단지 계약관계에서 조직 간 위상으로 처우의 차이가 크게 벌어진다는 것은 슬픈 일입니다. 여기서 생기는 갈등은 분배의 격차를 만들 뿐 아니라 개인의 안정과 자존감을 훼손하기도 합니다.

소수자의 존재를 불편하게 여기고 사고와 시야에서 배제한 것이 지금까지 우리의 방식이었습니다. 안 보고 살았던 것입니다. 외국에서 오래 살다 온 사람들이 의아하게 여기는 것도 그 점입니다. 한국에 오니까 장애인들이 보이지 않는다고 합니다. 눈에 보이는 장애인의 숫자가 적은 것은 이동권이 확보되지 않았기 때문일지도 모릅니다. 장애인들이 많이 보이는 사회가 더욱 바람직한 사회일 수 있습니다.

어릴 적 외국인이라는 단어에서 연상되는 것은 피부가 희고 눈이 파란 사람이었습니다. 그들이 지나가면 '미국 사람'이라고 불렀습니다. 하지만 그의 국적은 미국이 아닐 수 있습니다. 유럽의 한 나라일 수도 있고, 중앙아시아도 가능합니다. 유럽의 후손이 아시아에 살고 있을 수도 있습니다. 이렇듯 국적, 문화, 유전적 기원 등 다양한 세부 구성 요소가 존재합니다. 가령 '폴란드 출신 미국인인데 유대인이야'와 같은 이야기가 가능한 것입니다. 해외에 나가보면 우리처럼 '한민족, 한국 국적, 한국인'이라는 단일한 정체성으로 스스로를 설명하는 것이 오히려 드물다는 것을 알 수 있습니다.

이전 세대는 앞서 이야기한 대로 '우리는 민족 중흥의 역사적 사명을 띠고 이 땅에 태어났다'는 국민교육헌장의 문장을 외우고 자랐습니다. 돌이켜보니 이 문장은 상당히 무서운 이야기입니다. 당신의 탄생에는 목적이 있고 그 목적은 '민족'을 위한 것이라는 내용입니다. 당신보다 '민족'이 중요하고 과거에 화려했던 '민족'의 재건을 위해 움직여야 한다는 전체주의적 사고가 담겨 있을 수 있습니다.

언어 표현은 현행화를 게을리하면 다음 세대의 혐오를 받습니다. 대상을 타자화시키지 않도록 계속 사유해야 합니다. '유니섹스unisex'라는 말은 '젠더리스genderless'라는 표현으로 진화합니다. 유니섹스는 '내가 옷을 만들었는데 남성도 여성도 입을 수 있다'라는 것입니다. 이에 반해 젠더리스는 '성 구분 자체를 하지 말자'라는 것입니다. 이 모든 변화가 결국 생각의 변화와 연결되기 시작하여 이전의 고정관념은 자연스럽게 거부됩니다. 과거에는 영화 〈300〉의 주인공들처럼 근육과 활동성이 뛰어난 남성을 이상적으로 규정했다면 요즘은 달라졌습니다. 화장품 광고 모델, 색조 화장 전문가로 남성이 등장합니다. 여성이 근육을 만들고 뽐내는 것도 각광받고 있습니다. 사회 문화적으로 성에 대한 고정관념과 역할에 대한 족쇄가 풀리고 있는 것입니다. 따라서 '남성적', '여성적'이라는 표현도 적절치 못한 표현으로 꺼려지고 있습니다. 더 나아가 젠더리스라는 말조차 구분을 전제로한다는 의견도 있으니 표현은 끊임없이 현행화해야 합니다.

관행적 표현과 차별적 인식을 형성할 수 있는 언어를 새로운 표현으로 대체해야 합니다. 익숙한 표현일지라도 변화한 사회에 맞추어 낯설게 바라보고 세심하게 언어를 재정의할수록 계속 새로운 세계가 열립니다.

제2장

코파일럿은 퇴근하지 않는다

당신의 모든 일상이

포트폴리오가 되는 시대가 왔습니다.

전 지구인이 경쟁자입니다.

출퇴근 없는 AI 동료

"시간을 지켜야지. 계약 조건이 그랬으니까."

오래전 대기업에 다니던 친구는 아침 일찍 출근하기 위해 서둘러 저녁 모임을 파했습니다. 웃고 떠들다가도 기숙사 점호가 임박한 대학생처럼 초조하게 귀가 시간을 챙기던 모습이 보기에도 안타까웠습니다. 뭘 그리 걱정하느냐고 했더니 사내 방송국이 출근 시간이 지나 사옥으로 뛰어 들어오는 사람들을 한 명씩 인터뷰한 후 아침 방송에 내보낸다는 이야기를 했습니다. 공개적으로 망신 주기가 따로 없습니다.

이렇게 엄격하게 지키던 출근 시간과 달리 퇴근 시간은 당연히 넘기는 일이 비일비재했습니다. 이제는 어느 조직에서든 일과 삶의 균형이라는 목표를 추구하며 친구의 일화는 면 과거의 이야기가 되었습니다. 여전히 출근과 퇴근에 다른 기준을 적용하는 사람은 잘못된 관행을 유지하려는 수구세력으로 분류됩니다. 징검다리 연휴가 시작되면 누구보다 먼저 연차를 내서 긴 휴가를 붙여 쓰는 사람은 새로운 세대입니다.

어떤 이들은 근대화의 기준을 시간 개념의 정립으로 삼기도 합니다. 해 질 녘에 다음 결투를 청하는 중원의 검객들이나 '첫눈 오는 날 만나자'는 첫사랑의 약속은 아련하고 낭만적입니다. 첫닭이 울 때, 첫서리가 내릴 무렵 모이자는 기준은 농경이나 목축 사회에서나 통했습니다.

산업화로 큰 공장이 돌기 시작하면서 기계를 멈추지 않기 위해 정해진 시각에 한자리에 모여 함께 일해야 했습니다. 당연히 시간은 소중한 기준이 되었습니다. 도시화로 먼 곳에서 기차를 타고 내려야 했으니 표준시가 정의되었고 역마다 큰 시계가 높은 위치에 자리를 잡았습니다.

이처럼 근대인은 설비가 있는 장소에 물리적으로 동일한 시간에 모여 함께 일하고 헤어지는 일에 적응해 왔습니다. 그 일하는 주기에 생체시계를 맞춰간 것입니다. 일어나서 잠들 때까지 깨어 있는 시간 대부분을 직장에서 보냈습니다. 이 시스템 속에서 본질적으로 파는 것은 개인의 시간입니다.

AI와 합을 맞춘 완전체 개인

그런데 만약 파는 것의 본질이 시간이 아닌 다른 무엇으로 대체되었다면, 시간이 아니라 지능을 판다면 개인은 언제 어디에 있어도 무방합니다. 더 이상 시간과 장소가 중요한 변수가 아니기 때문입니다.

그렇다면 이제 시간은 누가 팔고 있을까요? 바로 로봇입니다. 생성형 AI가 세상을 떠들썩하게 만들면서 주목받은 단어가 있습니다. 바로 코파일럿입니다. 코파일럿은 항공업에서 부조종사의 역할을 일컫습니다. AI가 이 강력한 부조종사의 임무를 맡을 것이라는 희망이 이 단어를 주목하게 했습니다. 여기서 눈여겨봐야 할 것은 기존의 인간 코파일럿은 나와 같은 생체 리듬으로 움직이지만 AI 기반의 코파일럿은 그렇지 않다는 데 있습니다. AI는 퇴근하지 않고 잠도 자지 않습니다. AI 코파일럿은 노동량에 비례해도 월급이 월 100달러를 넘지 않습니다. 무엇보다 코파일럿은 손오공의 머리카락처럼 계속해서 복사해 낼 수 있습니다.

그래픽카드 생산으로 유명한 NVIDIA의 주가가 급격하게 상승했습니다. 그 이유는 게임의 그래픽을 돕는 GPU가 생성형 AI의 기계 학습에 꼭 필요한 장비이기 때문입니다.

이렇게 AI로 만들어진 코파일럿이 현실화되면 모든 화이트칼라 직무자들은 멈춰서 생각해 보아야 합니다. 이제껏 해온 장기간의 사무직 양성 교육이 어떤 의미가 있을지, 20년 차 부장님의 경험과 자산 중 AI의 소용돌이에 '케미'를 맞출 수 있는 고유한 직능은 과연 무엇인지 냉정하게 고민해야 합니다.

최근 한 대기업의 사내 구성원 스트레스를 분석해 보니 팀장 직급의 스트레스 지수가 유난히 높아진 것을 발견할 수 있었습니다. 저녁이 있는 삶, 일과 삶의 균형을 추구하는 문화는 일주일 내 최대 근무시간을 엄격히 지키는 규칙으로 바뀌었습니다. 이와 함께 급한 일이 있을 때 개인의 사생활을 양보하고 다 같이 돕는 분위기도 빠르게 사라지고 있습니다. 문제는 경영진은 여전히 항상 긴급한 일을 지시하고 있다는 것입니다.

"팀장님, 내일까지 부탁해요."

요청받은 시각은 대개 6시, 고개 들어 사무실을 둘러보면 이미 총총 사라지는 팀원들의 뒷모습만 아련합니다. 물론 팀장님에게 이런 급한 업무를 부탁하는 관행이 먼저 사라져야 합니다. 하지만 세상의 급한 일을 모두 멈출 수는 없습니다. 변화된 관계와 역학 때문에 팀장님은 혼자 밤을 새우고

스트레스는 지속적으로 증가합니다. 그런 팀장님에게 야근이 가능한 코파일럿은 6시 이후 유일한 동료입니다. 문제는 팀장님이 코파일럿과의 협력에 익숙해지면 다른 매니저들의 업무가 하나둘씩 줄어들고 결국 혼자 일하는 구조로 정착될 수 있다는 것입니다. 코파일럿은 승진을 요구하지도 않고 급여 인상이나 보너스를 요구하지도 않습니다. 회식도 점심시간도 필요 없고 노조에 가입하지도 않습니다.

지속적인 인플레이션으로 인한 급여 현실화 등 인간 노동자가 처우 개선을 요구할수록 자동화의 속도는 빨라집니다. 그리고 그 자동화는 결국 각자 혼자서 엄청난 일을 하는 사람, 다시 말해 'AI 디렉터'로서 인간의 진화를 추동합니다. AI와 합을 맞춘 완전체 개인과 조직은 이후 어떤 관계를 형성하게 될지 생각해 보아야 합니다.

'자리'가 아니라 '일'을 보다

충주시 유튜브 운영을 맡고 있는 공무원은 '업의 진정성'을 생각하게 하는 흥미로운 사례입니다. 그가 가장 많이 받는 질문은 '왜 계속 공무원을 하느냐?'라는 것이라고 합니다. 그렇게 감각도 좋고 콘텐츠도 잘 만들면 '충주시에서 그보다 더 높은 자리를 줘야지', '서울시에서 스카우트해야지', '민간 기업으로 이직해야지'라는 게 일반적인 반응이라는 것입니다. 인터뷰 기사에서 확인할 수 있는 그 질문에 대한 공무원의 대답은 한결같습니다.

"제가 충주를 되게 좋아한다. 애향심이 있다. (…) 지금 제가 하는 일이 충주를 잘 알리는 일이지 않냐. 그런 면에서 보람이 크다."[10]

이 대답에 공감하지 못하는 사람들이 있다면 '지방자치단체의 주무관'이라는 직책보다 이 사람을 직급만으로 판단하기 때문입니다. '○급 공무원'이라는 수직적 위계로 한 사람의 정체성을 파악하면 상승 이동만이 다음 단계처럼 인식됩니다. 일이 아니라 자리를 보면 '일자리'의 범위는 급격히 줄어듭니다. 우주선의 카운트다운처럼 9, 8, 7, 6, 5, 4, 3, 2, 1 줄어드는 숫자를 따라가는 것과 같습니다. 직급이 높아질수록 더 빨리 시야에서 사라지는 그 숫자에 핵개인들은 더는 집착하지 않습니다. AI와 합을 맞춘 핵개인은 '자리'가 아닌 '일'을 봅니다. 나의 성장과 공동체의 공감, 다시 말해 사회적 기여가 동반되는 일자리는 쉽게 사라지지 않습니다.

기계가 좋아서가 아니라 사람이 불편해서

"작은 동네 카페에 가면 눈치가 보여서 편히 있을 수가 없어."

팬데믹 시기에 우리는 재택근무라는 새로운 경험을 쌓았습니다. 감염 우려로 출근이 제한되자 집에서 일하기 힘든 환경의 직장인 중 일부는 카페로 출근했습니다. 이처럼 집도 회사도 아닌 제3의 공간에서 개인적 시간을 보내는 경험이 확산되었습니다. 하지만 이들의 고난은 '눈치 주는 카페 주인과의 신경전'이라는 동영상이 꾸준히 올라온 것에서 확인할 수 있습니다. 이처럼 대면으로 인한 난감함은 모둠살이종에게 축복인 동시에 곤란입니다.

이때 대안으로 떠오른 것이 키오스크로 주문을 받고 로봇 바리스타가 커피를 내주는 무인 로봇 카페입니다. 다 마신 커피잔을 치우는 것은 손님 몫이지만 높아진 인건비로 사람이 있어도 손님이 뒤처리를 하는 것이 보편화된 지 오래라 별다른 불만은 없습니다.

　최근 시간당 임금의 상승 속도가 빨라지면서 1인 창업이 늘고 있습니다. 1인 창업 통계가 높아지는 요인은 세 가지입니다. 첫째 자동화 비대면 기술의 범용화, 둘째 무인 서비스 경험의 누적, 셋째 숨겨진 요인인 관계 맺기를 힘들어하는 사람들입니다.

　배달앱이 나왔던 초기 시절을 떠올려봅니다. 등록된 업체가 많지도 않았고 결정적으로 결제 시스템이 원활하지 않았습니다. 소비자들이 과연 이 앱을 많이 쓸까 의심이 들 수 있습니다. 당시 앱 개발사의 성공을 짐작할 수 있었던 단서가 있었습니다.

　"나는 주소를 말할 때 긴장해."

　전화를 부담스러워하는 사람들이 생각보다 많다는 것이었습니다. 그들은 전화로 주문할 때마다 '메모장에다 주소와 메뉴를 쓰고 읽는다'라고 고백했습니다. 무슨 말인가 하면, 앱이 좋은 게 아니라 전화가 싫다는 이야기였습니다. 앱과 전화에 다 호의적이라면 어떤 것을 쓸까 고민하겠지만, 전화가 싫다면 어떤 대안이라도 반갑습니다. 비단 한국만의 분위기도 아닙니다. 글로벌 밈의 '콜 포비아(전화 공포증)'를 보면 달리기할 때의 심장 박동보다 전화벨이 울릴 때의 심

직장인의 공포는

팀장님이 금요일 밤에 하는 전화랍니다.

세 가지 불편함이 동시에 겹쳐옵니다.

'팀장님, 개인 시간 침해, 전화'

장 박동이 더 빨라진다는 유머가 있습니다.

조직에서도 성격 급한 L부장님이 다짜고짜 전화로 업무를 물어오면 K대리의 당황한 얼굴이 그려집니다. 가장 끔찍한 공포는 팀장님이 금요일 밤에 하는 전화라는 말이 있습니다. 세 가지 불편함이 동시에 찾아오기 때문입니다.

'팀장님, 개인 시간 침해, 전화'

이 세 가지에 대한 공포증이 조직 내 세대 갈등의 시작입니다. 이제까지 인사팀은 매년 바뀐 개인 연락처를 조사해 사내 '비상 연락망'을 구축해 왔습니다. 비상의 기준은 대체 어디까지로 보아야 할지 혼란스럽습니다.

그러나 이제는 규칙이 달라지고 있습니다. 프랑스는 2016년 2월부터 구성원 50인 이상 기업은 업무시간 외 이메일, SNS, 전화 등으로 업무 관련 연락을 금지하는 '엘 콤리El Khomri'법을 시행하고 있습니다.[11] 이탈리아도 이에 영향을 받아 2017년에 '연결되지 않을 권리'를 법으로 제정했습니다. 원격근무 같은 스마트 워킹을 할 때 구성원과 기업이 서면 합의를 통해 휴식 시간과 연결 차단권을 보장할 방법을 규정해야 한다는 내용입니다.[12]

사회마다 규범의 편차가 있겠으나 최소한 확실한 것은 전화하지 말라는 이야기입니다. 그렇다면 AI 채팅, AI 에이전트 서비스에 수요가 몰릴 수밖에 없습니다. 자연히 콜센터에 많은 투자를 했던 조직이 어려워집니다. 글로벌 콜센터를 많이 유치했던 인도도 어려워질 수 있습니다. 이렇게 콜포비아 트렌드는 나비효과처럼 전 세계에 수많은 사람들의 협업 방식을 바꾸게 됩니다. '바뀐 것들을 어떻게 나에게 적용할 것인가.' 이것이 숙제로 남을 것입니다. RPA(Robotic Process Automation), 스마트 팩토리, 자동화 시스템 등 이 모든 것이 협업의 대안이자 대상이 될 수 있습니다.

비인격이라 인격적으로 응대하는 로봇

팬데믹을 통해 공통적으로 경험한 비대면으로의 전환은 일반 식당에서도 주문의 풍경을 바꿨습니다. 테이블마다 주문 태블릿을 갖춰놓은 레스토랑, 키오스크로 교체된 패스트푸드점은 이제 익숙한 풍경입니다. 업장 입장에서는 일단 인건비가 절감됩니다. 나아가 메뉴에 없는 서비스를 요구하는 무례한 고객도 원천 차단됩니다. 주문 실수도 손님 책임입니다. 키오스크에 입력한 것은 당사자이지 매장 직원일 수 없으니 분쟁의 여지가 없습니다.

물론 이런 상황에 익숙지 않은 노인들과 그 밖에 디지털 격차로 소외되는 이들도 생각해야 합니다. 모 지방자치단체에서는 노년 인구를 위해 '키오스크 연습' 모바일 앱을 개발해서 배포했습니다. 패스트푸드점 키오스크를 브랜드별로 거의 그대로 모사해서 장바구니에 담고 옵션을 선택하고 결제하는 연습까지 해보는 콘텐츠입니다. 매장에 가면 뒤에서 기다리는 사람 때문에 긴장할 수 있으니 미리 세세한 트레이닝으로 돕는 것입니다.[13]

요즘 몇몇 최신 호텔은 필요한 물품을 더 달라고 주문하면 로봇이 가져다주는 서비스를 제공합니다. 대접받는 느낌은 줄어들 수 있지만 샤워 가운만 입고 있어도 로봇 앞에선 흉이 안되니, 부담이 없습니다. 로봇이나 대화형 AI에 관심 갖는 사람들 중에 특히 발달장애나 자폐 스펙트럼 장애 연구자가 꽤 있습니다. 그 이유는 아무리 인격적으로 훌륭한 이들이라 할지라도 같은 이야기를 무한정 반복하기는 힘들기 때문입니다. 때로는 그들도 지속적인 스트레스 상황에 놓이면 우울감을 겪기도 합니다. 역설적이게도 로봇은 인간이 아니기에 비인격적이고, 때문에 언제 어디서나 일관된 응대가 가능합니다.

물론 로봇이 비인간이라고 해도 함부로 대하지 말아야

한다는 것을 가르쳐야 합니다. 폭력을 쓰거나 훼손해서는 안 됩니다. 로봇이 인간과 같은 위상이라서가 아니라 인간에게도 이러한 폭력성을 전이할 수 있음을 두려워하는 것과 같습니다.

잠도 안 자고 화도 안 내고 영어도 잘하는 로봇

로봇 종업원은 관계를 요구하지 않습니다. 1인 손님이 와도 눈치 주지 않습니다. 바쁘다고 짜증을 내지도 않습니다. 이제 1인 업장에서 로봇은 홀 서빙을 넘어 주방 영역까지 넘보고 있습니다. 라면, 떡볶이, 치킨 등 요리법이 정해진 단품 위주의 식사를 판매하는 레스토랑들은 높아지는 인건비와 그만두는 인력의 대안으로 로봇 채용을 적극적으로 고려하기 시작했습니다. 로봇 사용료는 인건비에 비례하여 책정되고 있지만, 로봇 종업원의 수요가 늘어나 시장의 크기가 임계를 넘어서면 대량 공급으로 더 낮은 가격이 책정될 것입니다. 학습을 위한 데이터가 축적되면 한식, 일식, 중식, 양식 등 모든 요리법을 배운 슈퍼 주방장 로봇도 출현할 것입니다.

인간이 요리에 숙련되기까지는 긴 시간 수련이 필요하지

만 로봇은 데이터만 전송하면 됩니다. 인류는 로봇의 시간 경쟁력을 당해낼 재간이 없습니다. 로봇 노동은 저만치 앞선 첨단 의료산업뿐 아니라 서빙과 돌봄 등 일상의 최후방 산업까지 침투할 것입니다.

팬데믹 직후 극장과 식당에서 키오스크가 대량 보급된 것처럼, 기존 서비스형 노동의 직무들이 로봇으로 대체되는 일도 순식간에 벌어질 것입니다. 이제 로봇 서비스가 하나의 산업으로 자리 잡을 것입니다.

인플레이션으로 사회적 비용이 올라가는 이상 기계화는 피할 수 없습니다. 디스토피아적인 이야기지만 로봇은 자신의 권리를 주장하지 않기에 기업 입장에서는 관리와 경영 부담이 훨씬 적습니다. 뿐만 아니라 로봇은 영어도 하고 일본어도 하고 중국어도 합니다.

최근에는 농작물을 해치는 유해 조류를 쫓는 일도 로봇으로 바뀌고 있다고 합니다. 말하자면 전자 허수아비입니다. 수천 년간 이어진 인간과 새들의 전투에 로봇 용병이 투입된 것입니다.

그뿐 아닙니다. 이제까지 보살핌 노동은 온기를 지닌 인간의 고유 영역이라고 생각했습니다. 하지만 치매 노인을 돌보는 데는 오히려 감정이 없는 로봇이 더 유리하다는 사실이 현장에서 밝혀지기도 합니다. 이상 행동을 반복하는 치매 노인 앞에서 화를 참지 못하는 인간보다 감정이 제거된 로봇이 섬세한 케어를 지속할 수 있다는 것입니다. 한편으로는 이렇게 돌봄 로봇, 서빙 로봇이 보편화되면 이제 '인간 서비스'가 다시 프리미엄 시장이 될 것이라고 이야기합니다.

로봇의 핵심은 물리적, 정서적 행위의 자동화입니다. AI의 핵심은 지능적, 창조적 활동의 자동화입니다. 결국 인간은 창조적 활동, 지능적 활동, 육체적 활동, 정서적 활동 그 모든 영역에서 로봇, AI와 함께하게 될 운명입니다.

이심전심, 심심상인, AI 비서

"기사 양반! '전설의 고향' 갑시다."

고속버스 터미널에서 택시를 잡은 노인들이 이렇게 행선지를 말하면, 나이 든 기사는 아무 말 하지 않고 '예술의 전당'으로 가준다는 농담이 있습니다. '전설의 고향'과 '예술의 전당'은 전혀 다른 단어이지만 한자로 된 명사 두 개와 조사로 연결된 그 표현의 유사성만으로 기사님은 알아들은 것입니다. 손님도 단어를 깜빡깜빡할 나이가 되었고 기사님도 함께 늙어가며 그런 경험을 했기에 장소를 유추해서 배려한다는 이야기입니다. 그야말로 대충 이야기해도 똑똑하게 이해한다는 미담입니다.

AI가 이런 '인간적인' 배려를 할 수 있다면 믿으시겠습니까? 기존의 소프트웨어는 어렵지만 최근 개발되는 AI는 이런 세심한 배려를 할 수 있습니다. 여러분이 문제를 잘 정리하지 못해도 AI가 찰떡같이 마음을 읽고 해결책을 제시한다는 것입니다. 사용자의 업무 이해도가 낮아도 문제 풀이 과정에 AI를 유용하게 활용할 수 있습니다. 단편적으로 회계처리 소프트웨어만 해도 사용법을 배우는 데 꽤 오랜 시간과 에너지를 들여야 했습니다. 이제는 재무적 문제를 질의하면 시스템이 해결책을 제안해 주는 방식으로 사용법이 단계별로 쉬워지고 있습니다.

인터넷 게시판에는 이와 관련한 농담이 전해집니다. 한국어 사용자 간 통역으로 먹고사는 직장인 이야기로, 모 대기업의 임원 비서인 그분은 나이 든 임원이 대충 하는 말들을 다 알아듣는다고 합니다.

"그거 있잖아. 그 김 대리랑 말이야. 그때 우리가 거기에 가서 그 사람들이랑 그거 먹었잖아. 그거 뭐야?" 그러면 "잠실의 ○○회사 사람들과 먹었던 그 집 말씀이시죠? 잠실이 아니고 건대예요"라고 귀신같이 이해한다는 것입니다. 이 비서는 아르바이트로 시작해서 비서가 되었고 심지어 임원이 자녀와 이야기하다 서로 이해를 못 하면 대신 통화해서 소통을 이어준다고 합니다. 그래서 이분 별명이 '한국어 통역사'라고 합니다.

고위직 임원들 중에는 아직도 스스로 직접 KTX 예약을 못 하는 경우가 많습니다. 말만 하면 비서들이 다 해주었기 때문입니다. 은퇴 후에 기차표 예약을 처음 해보았다고 자랑스럽게 이야기하기도 합니다. 이들에게 항공권 예약은 무척 어려운 과제입니다. 일상의 모든 일을 비서가 해주면 나중에 비서가 없는 세상에서 자립하기는 어렵습니다. 이제 고위직 임원이 아니더라도 앞으로는 우리 모두 세심한 AI 비서의 도움을 받을 수 있을 것입니다.

사진 한 장만 던지면 AI가 다 해주는

서울에서 목포로 출장을 가는 사례를 생각해 보도록 하겠습니다. 토요일이라 고속철도 티켓이 동이 난 상황입니다. 많은 사람들이 광주까지 가는 바람에, 더 먼 목포까지 가야 하는 어떤 사람들은 티켓을 구할 수 없습니다. 이들은 광주까지는 입석으로, 광주부터 목포까지는 좌석으로 이어지는 티켓을 일단 예매한 뒤 틈틈이 들어가 반환된 좌석이 있나 살피게 됩니다. 운 좋게 출발 당일 새벽에 티켓이 풀리면 목적지까지 모두 좌석에 앉아서 갈 수 있는 행운을 누릴 수 있습니다. 만약 AI 비서가 있었다면 수동으로 앱을 끊임없이 새로고침할 필요도 없고, 행운에 기댈 필요도 없이 좌석을 구할 수 있습니다.

새로고침을 일일이 누르면서 취소 표를 찾는 일이 그렇게 힘든 일이 아니라서 괜찮다는 반론이 나온다면, 좀 더 복잡한 이야기를 해보겠습니다. 만약 여러분이 갑자기 다음 주부터 일주일의 휴가를 받는다면, 어떻게 해야 최고의 휴가를 보낼 수 있을지 상상해볼 것입니다. 2000년대 초반까지는 신문 하단의 여행 상품 광고가 당신을 유혹했을 것입니다. 아니면 TV 홈쇼핑에 나오는 그룹 투어도 선택지가 될 수 있었습니다.

그런데 패키지 투어는 개인을 위한 상품이 아니라서 주로 새벽에 도착하는 전세기로 움직입니다. 3박 5일이나 4박 6일이라는 기괴한 스케줄로 동남아시아와 남태평양의 리조트에 다녀오는 상품이 대부분입니다. 신혼여행이라면 발리나 코타키나발루 같은 휴양지 상품이 인원 한정으로 올라왔을 것입니다. 이런 상품에는 조건이 붙습니다. 반드시 가이드와 함께 움직여야 하고, 옵션 관광은 암묵적인 의무이며, 일정을 바꿀 수 없고, 쇼핑은 잔뜩 해야 할지도 모릅니다. 그런 조건에 맞춘 비용이니 불만도 사치로 취급됩니다. 동시에 관광 컨베이어 벨트에 올라탔다 내려오는 것과 같습니다.

이제 AI가 그 컨베이어 벨트를 해체해서 재조립합니다.

직접 여행 계획을 세운다면 카약Kayak이나 스카이스캐너 Skyscanner 같은 온라인 여행 에이전트 서비스를 하나씩 클릭하다가 밤잠도 못 자고 포기했겠지만, 다행히 AI는 지치지 않습니다. 잠도 자지 않습니다. 온갖 비행기표를 다 보고 가장 평이 좋은 호텔을 고릅니다. 나의 동선에 가장 가까운 관광지를 추천하고 근처 호텔까지 예약할 수 있습니다. 그리고 여기서 멈추지 않습니다. 아침에는 바다를 보며 조깅할 수 있는 숙소, 오후에는 그 나라 언어로 배울 수 있는 요가 강좌도 부탁할 수 있습니다. 만약 당신이 최근 비건으로 식생활을 바꾸었다면 이에 딱 맞는 레스토랑도 예약해 줄 것입니다. 오직 나만을 위해서.

지금껏 정보의 비대칭 때문에 그 정보를 얻을 수 없었습니다. 나 하나 즐겁게 해주자고 여행사가 그만한 요구를 받아주지도 않았습니다. 추가 비용을 지불한다고 해도 불가능했던 서비스가, 이제는 시스템의 도움으로 가능하게 된 것입니다.

매칭 서비스에는 인간이 관여하지 않습니다. AI들이 시스템 레벨에서 정보를 주고받으면서 조건을 조율하고 나만을 위한 상품을 만들어냅니다. 심지어 비용도 저렴합니다. 이쯤 되면 그룹투어를 미리 만들어서 팔던 기존의 여행사는 경쟁 상대가 되지 않습니다. 인간은 기존의 여행 중개업에서 손을 떼야 할지도 모릅니다.

여러분의 주방에도 만만치 않은 변화가 일어납니다. 생성형 AI에 '플러그인plug in'이 결합되면 어떤 일이 벌어질지 생각해 봅니다. 음식 사진을 한 장 넣으면 레시피가 나옵니다. 팬케이크 사진이라면 버터, 밀가루, 설탕 등등이 나올 것입니다. 그다음엔 인스타카트instacart와 같은 주문 시스템에 연결되면 주문이 자동으로 들어갑니다. 아이들을 위한 요리를 찾아보고, 냉장고의 재고를 살피고, 부족한 걸 챙겨 주문하는 이 모든 절차는 생활의 다양한 일을 처리하는 부모에게 버거운 일입니다. 과거에는 공정이 여러 단계였습니다.

"뭘 먹을까? 검색해. 팬케이크 재료? 다시 검색해. 밀가루, 설탕? 온라인 쇼핑몰에 가!"

이제는 사진 한 장만 던지면 AI가 다 해줄 수 있습니다. 그러면 지금의 온라인 쇼핑몰은 사용자와의 접점을 잃게 됩니다. 사진을 던지고 AI가 일 처리를 하는 사이 사용자는 다른 일을 할 것입니다. 자동화의 과정이 압축되고 시도 자체가 무한대로 확장되면 사람의 노동은 그런 것들을 따라 할 수 없습니다. 가성비가 떨어지기 때문입니다.

그다음에는 대행자가 오히려 권한자를 초월하는 일이

벌어질 수 있습니다. 왕이 어려서 대비마마가 수렴청정을 하면 그 대비마마가 실권을 갖게 됩니다. 내가 소비 주체라도 AI의 트레이닝이 더 우수해지면, AI가 상권을 만들어낼 수 있습니다. 알고리즘이 인간보다 더 시장을 쥐고 흔드는 것입니다.

온종일 AI와 대화하고 의논하고

조직에서는 중간관리자가 사라집니다. 이미 선도 IT 서비스 기업에서는 전업 관리자를 없애는 분위기입니다. 개발팀에서는 팀장도 코딩을 합니다. 업무의 진척도와 일정 같은 것들은 협업 툴이 모두 관리하기 때문에 전업으로 관리를 맡는다고 하면 팀원들로부터 도대체 무엇을 하고 있냐고 질책을 받을 것입니다.

"차장님은 업무가 뭐예요?"

"내 업무는 일정 관리와 부서 간 업무 조율이지."

이제 개인은 직접 배워서 AI의 도움으로 업무를 처리할 수 있습니다. 그리고 조직은 프로세스를 정규화시킨 뒤에는 자동화시킵니다. 그렇기 때문에 관리자가 사라지는 것입니다. 그렇다면 본인을 관리자라고 정의한 사람은 존재하지 않는 일을 한다고 주장하고 있는 것입니다.

문제가 뭘까요? 어떤 차장님, 부장님은 여전히 엑셀에 미숙합니다. 일을 하고 싶은데 새로운 생산도구에 적응을 못 한 것입니다. 이분들은 항상 K대리를 부릅니다.

"K대리~ 내 엑셀이 안 돼." 그러면 K대리는 성실한 자세로 달려갈지라도 마음속으로 외칩니다. '어쩌라고요! 그건 부장님 일이잖아요.'

그래서 엑셀을 못 하는 L부장은 출근을 좋아합니다. 출근해야 K대리가 있기 때문입니다. 이분들의 머릿속은 엑셀은 K대리가 하고, 결재를 해주는 것이 자신의 일이라고 인식하고 있는 것입니다. 그러나 이제는 아닙니다. 엑셀도 결재도 스스로 시스템과 접속해서 해결합니다. 조직이 유연해진다는 이야기입니다. 다행인 것은 예전 같으면 모두가 코딩을 배워야 했지만 지금은 훨씬 수월하다는 점입니다.

'코딩해줘!' 명령하면 생성형 AI가 그 일을 실행합니다. 생성형 AI가 잘하는 언어 중 하나가 파이썬입니다. '구구단 구현해줘!' 하면 바로 코드로 나옵니다. 이제 이런 식의 낮은 레벨 코더는 직업을 잃을 수밖에 없습니다.

결국 온종일 AI와 대화하며 일하고 나면 AI는 대화할

이심전심以心傳心, 심심상인心心相印

나의 마음을 가장 잘 아는 동료는

어쩌면 사람이 아닌 AI일 수 있습니다.

때 내가 전달한 정보를 기반으로 나에 관해 더 깊게 학습할 것입니다. 그다음 나만의 컴포넌트component(프로그램에서 재사용이 가능한 각각의 독립된 모듈)가 만들어지면, 이를 기반으로 더 정교한 인풋과 아웃풋이 나올 것입니다. 그렇다면 또 입력을 넣은 만큼의 지식이 집단적으로 형성되는 것입니다. 나와 AI의 상호작용을 통해 누구보다 나를 잘 이해하는 동료가 생성될 수 있습니다.

이렇듯 기술의 보급과 AI의 확산은 사람과 사람의 소통을 대체할 뿐만 아니라, 사람과 대화하며 협업하는 것보다 더욱 진보된 편리를 가져올 수 있습니다. 이것은 나 자신에게 맞춤형 비서가 생기는 일인 동시에 내가 가르치며 육성해야 하는 보조자가 생기는 일입니다. 오랜 시간 당신이 데이터를 입력하고, 사고의 체계를 나누며, 능력과 선호를 전수받은 AI는, 당신의 판단 논리와 사고방식을 습득하여 말하지 않아도 이해하는 이심전심以心傳心, 심심상인心心相印의 든든한 아군으로 성장할 것입니다.

작가는 사라지고 장르만 남는다

"미래가 없는 거야. 결국 모든 건 AI가 할 거라고."

마이크로소프트는 프로젝트 '넥스트 렘브란트'를 통해 존재하지 않던 초상화를 네델란드의 거장 렘브란트 스타일로 구현해낸 바 있습니다. 유화의 질감을 살리기 위해 3D 프린터로 제작한 그림은 렘브란트의 미발표 작품으로 인식될 정도로 높은 완성도를 자랑했습니다. 옛 거장의 결과물만 가능할까요? 유튜브에는 뉴진스의 히트곡을 세계적인 팝스타 브루노 마스가 멋들어지게 한국어로 부른 클립이 올라왔습니다. K팝의 세계화라는 '국뽕 댓글'이 올라올 법하건만 눈치 빠른 사람들은 이것이 AI의 작품인 것을 금세 알아차립니다.

동시대의 노래들 역시 독특한 음색과 창법을 가진 다른 가수 스타일로 재해석되어 공유되고 있습니다. 모두 심층 신경망 기반의 기계 학습 알고리즘의 결과입니다. 기계 학습이 결과물을 학습해서 그 안에 반복되는 유사성을 뽑아낸 것이라면, 향후 작가들도 장르가 될 수 있는 사람과 그렇지 않은 사람으로 나눠질 수 있습니다.

'AI 존 레넌'이 신곡 발표하는 세상

그런데 '뉴진스-브루노 마스' 클립이 인기를 끌고 광고와 함께 소비되면 그 상업적 성과는 누구의 몫일까요? 첫 번째는 노래의 저작권을 갖고 있는 작곡가, 그다음은 음색과 창법이라는 고유성을 보유한 브루노 마스에게 분배되지 않을까 추측합니다.

이미 캐나다 가수 그라임스는 "내 목소리를 사용해 AI가 생성한 성공적인 노래에 대해 50% 로열티를 분할하겠다"라고 했습니다.[14] 저작권의 수혜자가 생존해 있으면 그 분배가 크게 복잡할 게 없습니다.[15]

2024년부터는 디즈니의 장수 캐릭터 미키 마우스의 저작권이 일부 소멸됩니다. 전 세계 어린이들의 문구와 의류에 자리 잡은 미키 마우스의 저작권이 차례로 풀리게 된 것입니다.

이런 저작권 사후 시효를 염두에 두고 다시 한번 상황을 가정해 봅니다. 앞서 말한 뉴진스의 노래를 AI가 이미 사망한 가수 스타일로 모사했다면 그 저작권은 어떻게 될까요? 예를 들어 통기타를 들고 연주하며 포크송 가수로 유명했던 고故 김광석 씨의 스타일로 AI 곡이 만들어진다면 그 저작권은 어디에 귀속될까요? AI가 목소리의 스타일을 모방한 것에 대해 저작권은 어디까지 인정받을 수 있을까요?

확실한 것은 우리가 그의 목소리와 창법으로 인식하는 양상이 김광석 자기만의 스타일로 존재했었기 때문이라는 사실입니다. 어떤 사람과도 구별되는 김광석 특유의 서정적인 음색과 유랑자적인 무드, 그 고유함이 환금되는 것입니다. 오디션 프로그램에 나오는 수많은 참가자들이 아무리 노래를 잘한다 해도 그만의 특별함이 없으면 스타가 될 수 없는 것처럼, 우리는 고유함에 큰 가치를 부여합니다.

앞으로 가수들은 살아있는 가수들이 아니라 이미 사망한 레전드 가수와 경쟁해야 할지 모릅니다. 엘비스 프레슬리와 존 레넌이 신곡을 발표하고 BTS, 뉴진스와 겨루는 세상이 올 수도 있습니다.

이런 변화 속에서 어떻게 혁신이 동력을 잃지 않을 수 있을까 생각해 봅니다. '거인의 어깨에 올라선다'라는 말은 겸허한 표현이 아니라 기술과 과학의 발달사를 그대로 반영하는 비유입니다. 이렇듯 혁신 시스템은 역사 속에서 이어져온 것입니다. 깊은 공부에는 선행된 연구가 필수적이고 먼저 궁리한 선배 학자들의 노력이 토대가 되었기 때문에 지금의 모든 발달사가 가능했습니다. 이러한 연구의 동력은 사회적 인정과 안정된 보상 체계입니다. 학계의 평판, 노벨상, 그리고 특허권과 같은 저작물에 대한 권리를 인정해 주는 사회적 시스템을 통해 지식의 체계적 집대성이 가능해진 것입니다.

만약 정보의 정수만 모사되고 보상은 이루어지지 않는다면 새로운 지식과 창작물이 생성될 동인이 유지될 수 있을까요? 부가가치의 분배 시스템을 어떻게 합의해야 인류의 지혜가 끊기지 않고 생성될까요? 고민이 필요한 지점입니다.

K대리와 N대리, 그리고 AI대리의 경쟁

AI를 통한 자동화에서 가장 강력한 효용은 속도입니다. 예를 들어 K대리에게 "이것 좀 해주세요"라고 부탁하면 그는 열심히 일하고 우리는 그에게 비용을 지불할 것입니다. K대리도 나름의 일을 하고 그 일을 부탁한 우리도 수혜를 얻으니 아름다운 거래입니다. 그런데 만약 우리가 비용을 아끼고 싶다면 K대리보다 더 싼 곳을 대안으로 찾을 것입니다. 이것이 글로벌 오프쇼어링offshoring의 원리입니다. 베트남의 N대리가 '제가 한국의 K대리보다 더 싸게 할게요' 하면 일은 넘어갑니다. K대리의 인건비가 높아질수록 N대리는 경쟁력을 갖습니다. 가격은 비교우위가 있는 쪽이 이기는 게임입니다.

그런데 K대리에게 시키면 2주가 걸리는 일을 생성형 AI가 즉시 해낸다면? N대리는 알아보지도 않을 것입니다. 실행 시간으로 보면 무조건 기계가 인간보다 유리합니다. 문제는 이런 산업이 한두 군데가 아니라는 것입니다. 예컨대 주식 투자, 선물 투자는 장이 열린 시간 이내에 의사결정을 하면 절대적 우위를 갖습니다. 정보 기반 의사결정을 하는 경우 정보 처리를 더 빠르게 하는 곳이 협상에서 유리합니다. 비용 절감 차원이 아니라 속도 우위가 갖는 경쟁력 때문에라도 K대리, N대리는 더 이상 일을 받을 수 없게 됩니다. 이런 일은 도처에서 벌어집니다.

여러분이 유정油井을 발견했다고 가정하겠습니다. 시험 시추 후 경제성 판단 이외에도 환경영향평가, 인허가, 자금 유치를 위한 사업계획 승인, 자금 조달, 법률 참조 등 수많은 서류 작업들을 진행해야 합니다. 2년 반이나 걸리던 길고 지루한 서류 업무를 AI에 맡기면 6개월로 단축될 수도 있습니다. 인간이라는 특수성은 속도 면에서는 걸림돌입니다. 인간은 밥도 먹고 잠도 자야 하기 때문입니다. AI를 통한 자동화가 단계별로 정착되면 전체 개발사업의 공정이 빨라지고 금융 비용도 절감되며 사업의 불확실성도 제거되기에 협력이 가속화될 수 있습니다.

2023년 골드만삭스의 보고서에 의하면 자동화로 인해 전 세계 3억 개 정도의 일자리가 위협받지만, 동시에 매년 7%의 GDP가 상승한다고 합니다.[16] AI로 인한 혜택이 인류에게 경제 성장의 가파른 기울기로 다가올 것이라는 이야기입니다.

사람 10명 + 로봇 경비견 1만 대

생성형 AI의 도래 이전, 자동화의 접근은 대부분 효율화, 특히 소비를 위한 추천 부분에 집중돼 있었습니다. 어떤 영화를 이어서 볼지, 어떤 물건을 추가 구매할지를 위한 알고리즘 설계가 AI의 주요 업무였습니다. 생성형 AI라고 이름 붙여진 이번의 혁신은 생산 분야를 총망라합니다. 소비 행동을 넘어서 생산 방식에 개입하기에 무수한 변화가 일어날 것입니다.

많은 학자들과 몇몇 정부들은 AI의 사용을 금지하는 정책을 촉구하거나 실행하는 모습을 보이기도 합니다. 다른 경쟁 집단이 이를 동시다발적으로 수용하지 않는다면, 이런 지역적 약속은 실효성이 없습니다. 철기시대와 석기시대의 싸움처럼 명분의 문제가 아니라 생존의 문제이기 때문입니다. 결국 AI의 사용이 금지되거나 축소되기는커녕 AI 협업은 실행하지 않고는 아무것도 할 수 없는 필수불가결한 요소가 될 것입니다.

지금껏 우리가 아는 지능은 사람 사이의 협력을 전제로 한 것이었습니다. 그 전제가 무너지고 있으니 새로운 규칙, 새로운 패러다임이 필요합니다.

공장의 풍경은 이미 달라졌습니다. 일본 후지산 중턱에 있는 공작기계 회사의 공장은 밤이 되면 불을 끄지만 어둠 속에서도 기계는 혼자 돌아갑니다. 전체 공정이 자동화되어 있기 때문입니다. 보스턴 다이내믹스Boston Dynamics의 로봇 경비견 스팟Spot은 밤새도록 쉬지 않고 공장 구석구석을 다니며 경비를 서고, 열 감지로 이상 징후를 파악하며, 순찰의 전 과정을 전송하고 녹화합니다.

　이처럼 협업 대상이 인간이 아닌 지능화된 개체가 된다면 더 이상 조직 구성원의 숫자와 조직의 생산성이 비례하지 않게 됩니다. 현재 한국의 기업은 자산총계와 구성원의 숫자를 기준으로 그 크기를 분류합니다. 하지만 사람 10명과 로봇 경비견 1만 대를 사용하는 회사라면 그 규모를 결코 작다고 할 수 없습니다.

　그리고 다양한 개체와 상호작용하고 높은 차원의 문제 정의가 가능한 10명이야말로 생산성이 높은 '고급 인력'이라고 할 수 있을 것입니다. 그렇다면 지금의 교육으로 이런 인재를 양성할 수 있을지 깊게 고민해 보아야 합니다.

생성형 AI는 영어를 좋아해

　무크MOOC(온라인 공개 수업)와 생성형 AI가 결합하면 글로벌 전문 교육은 이미 어디에서나 가능합니다. 여기에 국가별 데이터 축적과 언어권에 따르는 학습 데이터의 물량, 그리고 자국의 특정 언어를 기반으로 한 언어 모델 개발이 병행되어야 한다는 것을 전제하면, 상대적으로 영어권 정보의 체계화가 더 우위에 서게 됩니다.

지금도 학술과 산업 정보의 우위에 선 기존의 주류들은 정보 접근과 생성에도 앞서고 있습니다. 이 경우 작은 규모의 언어권 국가들은 빛을 향해 움직이는 주광성 식물처럼 더 효율적인 서비스를 따라가게 됩니다. 결과가 더 잘 생성되는 언어로 움직이다 보면 결국 세계 최고의 강력한 프로그래밍 언어는 영어가 될 것이라는 말이 온라인 게시판에 올라오고 있습니다. 글로벌에서 광범위하게 쓰이는 언어는 영어, 스페인어, 중국어라고 합니다. 이 언어 사용자가 전체 인구의 절반을 넘어가면 엄청난 사용량으로 인해 더 많은 정보가 쌓이게 됩니다. 반대로 잘 사용하지 않는 언어들은 축적되는 정보량이 점점 줄면서 사라질 우려가 있습니다. 정보의 양은 문서 생성자의 수에 비례하기 때문입니다. 지금까지 그저 정보 사용자에 불과했던 사람들은 이제부터 소프트웨어의 입력 여할도 맡게 됩니다. 사람들이 남긴 말이 문서가 되면서 더욱더 확장되는 것입니다.

한편에서는 자신의 모국어를 극단적으로 잘하는 사람이 유리해진다는 주장도 있습니다. 어떤 언어를 사용하든 개념 표현을 가장 논리적으로 깊게 해낼 수 있는 사람이 번역 소프트웨어의 도움으로 더 큰 성과를 낼 수 있다는 관점

입니다. 어떤 경우든 직관적인 착상을 논리적인 전개로 세밀하게 표현하는 역량, 즉 언어 능력이 인간이 아닌 지능 개체와 협업하는 데 소중한 자질이 된다는 것입니다.

뿐만 아닙니다. 생성형 AI와의 협업은 인간 능력의 순위를 계속 재조정하게 될 것입니다. 이전에 뛰어난 능력이라고 평가받던 것들의 중요성이 줄고, 하찮게 여겨지던 행동이 높은 평가를 받게 됩니다. 예를 들어 묵묵한 인내와 지구력보다 없던 개념을 생각해내는 엉뚱함이 주목받는 식입니다. 고정된 틀에 갇히지 않아 그때그때 새로운 환경에 잘 적응하는 사람들이 더 높은 생산성에 도달하기 때문입니다.

단순한 근면함과 순응성은 이제 진화 과정에서 덜 중요해집니다. 출제자의 의도를 파악하기 위한 노력도 불필요합니다. 답이 있는 문제는 AI가 풀 것이고, 인간은 답이 없는 문제를 고민하는 역할로 분업이 이루어질 터이기 때문입니다.

연결이 먼저, 지능화는 그다음

생성형 AI의 활약상은 놀라운 속도로 진화와 확장을 거듭하고 있습니다. AI가 일상적 고민과 해결책을 연결하고 실행과 비교의 품을 줄여주면 사람들은 더 많은 시간, 더 많은 욕망을 품게 될 것입니다.

여러 애플리케이션이 AI와 결합되면, 첫째로 창작의 품이 줄어듭니다. 둘째로 이를 기반으로 기존의 다른 자동화 프로세스를 재사용하기 시작합니다. 이미 자피어Zapier 같은 업무 자동화 툴이 챗GPT 플러그인으로 실행되고 있습니다.

사람들은 최근까지 웹 브라우저 하나로 업무와 일상의 문제를 다 해결했습니다. 컴퓨터를 켜면 윈도 운영체계를 거쳐도 거의 다른 일을 하지 않고 바로 크롬Chrom부터 켜고 모든 걸 시작합니다. 브라우저 기반의 생태계를 만들려고 한 구글의 전략대로 실제 많은 사람들이 속도가 빠르고 기능이 좋은 크롬으로 신속하게 이전했습니다. 마이크로소프트 입장에서는 인터페이스를 구글에 빼앗긴 셈입니다. 하지만 챗GPT가 나온 뒤 점점 더 많은 사람들이 컴퓨터를 켜면 바로 코파일럿 프롬프트를 실행하니, 구글 크롬에 웹 브라우저를 빼앗겼던 윈도의 본격적인 반격이 시작되었다 할 수 있습니다.

사실상 이제까지 디지털 노마드족의 보호장비는 크롬과 같은 웹브라우저였습니다. 노트북만 들고 다니면 어디서든 일하고 놀며 살 수 있으니 구글 신이 나를 보호해 주는 것 같았습니다. 경험했다시피, 운영체제는 개인에게 환경의 접점이면서 사고 체계의 정점입니다. 영화 〈어벤저스〉 시리즈를 보면 아이언맨이 플라잉 슈트를 입고 날 수 있는 이유는 사실상 AI 비서 자비스 덕분입니다. 자비스가 없으면 아이언맨은 능력을 발휘할 수 없습니다. 날면서도 다음 액션은 무엇인지, 목표물의 위치는 어디인지 등을 계속해서 물어봐야 하기 때문입니다. 이쯤 되면 자비스 없는 아이언맨은 불완전한 히어로라는 것을 깨닫게 됩니다.

뿐만 아니라 창의적인 사람에게 AI 기반 환경은 자본의 한계에 발목 잡히지 않고 비상할 수 있는 활주로입니다. 플러그인과 API(Application Programming Interface)를 통해 여러 가지 서비스를 직접 각자의 프로그램에서 사용할 수 있게 되었습니다.

네이버 로그인, 카카오 로그인 등이 가장 대중적인 API 사례에 속합니다. 네이버와 카카오에서 만들어놓은 회원 가입 시스템에 파이프라인을 연결해 자신의 서비스에 접속하도록 하는 것입니다. 이렇게 시스템끼리 연결하는 매시업 서비스는 사회적 비용을 줄여줍니다. 그리고 개인들은 이미 이런 시스템을 통한 협력에 매우 익숙합니다. 디스코드 discord(게이밍에 특화된 음성 채팅 프로그램)에서 API를 활용해 프로그램을 만들면 고객이 생산자가 됩니다. 지금까지 모든 분야의 필요한 부분을 기업 스스로 생산하여 서비스하던 시대에는 기업의 규모가 서비스의 크기와 비례했습니다. 이제는 개미의 무리처럼 각자의 모듈을 연결해 공유할 수 있는 세상이 오면서 하나의 완성된 서비스를 위해 모든 것을 개발할 필요가 없는 세상으로 진화하고 있습니다. 협업의 대상과 주체가 같은 조직에 머무르지 않고 인류의 크기로 확대된 것입니다.

그렇다면 여기서 중요하게 보아야 할 포인트는 지능화보다는 연결성입니다. 예전 소프트웨어 산업에서 과금 기준은 라이선스였습니다. 사용하는 만큼 비용을 지불하는 것이 아니라, 한 번 구매하면 그 사용의 권리를 획득하는 방식입니다. 그래서 불법으로 사용하려는 사람은 비밀키를 해킹했습니다. 지금은 온라인으로 로그인하여 인증하기 때문에 인터넷 없이는 소프트웨어 서비스가 불가합니다. 한 번 사서 쓰는 게 아니라 매달 사용료를 지불하게 만든 것입니다. 판매자 입장에서는 한 번 내다 팔고 끝나는 게 아니라 매년 결실을 수확하는 경작 방식으로 진화한 셈입니다. 높은 부가가치를 지닌 구독경제 모델입니다. 모든 산업 분야에서 부가가치 상승의 수순은 비슷합니다. 첫 번째 전제가 연결성, 두 번째 전제가 지능화입니다.

주말 오후, 2시간 만에 쇼핑몰을 개업하다

"라떼는 말이야, 10페이지 홈페이지 개발비가 1억 5,000만 원이었어."

지금은 누구나 오픈소스 프레임워크를 이용하여 2시간 만에 쇼핑몰 홈페이지를 만들 수 있습니다. 과거에는 수천만 원에서 1억 원을 넘게 들여야 했던 것들입니다. 1990년대 후반 인터넷이 처음 도입되던 시기에 HTML로 만들어진 대기업 소개 페이지 제작비가 1억 5,000만 원이었다는 이야기는 과장이 아닙니다. 지금은 개인사업자도 홈페이지를 손쉽게 구축할 수 있는 서비스가 생겨나면서 자사몰 개념이 확산됐고, 더욱이 포털에서 제공하는 스마트스토어가 열리면서 저마다 검색엔진에 자기 쇼핑몰을 적극적으로 홍보합니다. 핀테크 혁신으로 번거로운 무통장 입금 과정을 거치지 않고도 간편 결제 시스템으로 쉽게 결제하니 정산 환경도 이보다 더 쾌적할 수 없습니다.

어릴 적 시골 할머니 댁의 동네 입구 점방에는 먼지 쌓인 과자와 오래된 복숭아 통조림이 선반에 쌓여 있었습니다. 지금 우리는 웹브라우저를 열 때마다 옷깃을 붙잡고 호객하듯 온라인 점원이 따라붙는 시대를 살고 있습니다. 소셜미디어에 접속하면 직접 온라인 점포를 열어서 뭐든 팔아보라는 부업 광고도 자주 눈에 들어옵니다.

과거에는 온라인에서 물건을 팔려면 웹서버를 설치하고, 데이터베이스 프로그램을 연결하고, 상거래와 관련된 홈페이지 프로그램을 개발해야 했습니다. 데이터베이스에 창고의 재고가 연동되지 않아 고객은 주문하기 전에 재고가 있는지 확인할 수도 없었습니다. 배달을 맡는 물류 업체 역시 시스템을 갖추지 못해 물건이 어디쯤 이동하고 있는지도 알 수 없었습니다. 요즘은 스마트폰으로 잠들기 전에 필요한 물건을 구입하고, 출근하면서 물류와 배송의 현재 위치를 실시간으로 파악합니다.

이전까지의 유통 사업은 물류, 결제, 온라인 관리 등의 기반이 있는 거대 조직들이 주도했다면, 이제는 누구나 무자본으로 편리하게 자기 가게를 차릴 수 있습니다. 그러니까 우리는 주말 오전 2시간만 시간을 내면, 자기 명의의 쇼핑몰을 개업할 수 있는 '오픈소스 소사이어티' 시대를 살고 있는 것입니다.

 '오픈소스 소사이어티'의 열려 있음과 공유 기능은 시장 참여자들에게 크나큰 축복입니다. 이전의 방식처럼 각자가 자체적으로 연구해서 자기 자신에게만 최적화된 시스템을 사용한다면, 그것을 개발하고 운영하고 업데이트하는 데 필연적으로 많은 시간과 비용이 들어갈 수밖에 없습니다. 그러나 모두를 위한 가상의 환경을 예측해서 설계한 시스템이라면 훨씬 더 경제적입니다. 그리고 시스템의 운영과 관리 또한 분산되어 이루어진다면 서비스 장애가 발생할 때 훨씬 더 유연하게 대처할 수 있습니다.

 많은 참여자가 집단지성을 이뤄낸 시스템은 '현행화와 진화' 두 관점에서 모두 유연하고 유리합니다. 여러 소프트웨어를 조각조각 붙여서 해결책을 찾는 소프트웨어 패치 스타일의 최신화는 이미 과거의 방식입니다. 지금 온라인 산업에서 일어나는 움직임은 모든 것이 연결되어 있고 자체적으로 진화하는 시스템을 기반으로 합니다. 이 세계에서 소프트웨어 업데이트는 마치 유기체의 생명 현상처럼 자연스럽게 일어나고 있습니다.

최신화와 현행화, L부장에게도

이러한 추세로 보면 '중앙에서 관리할 수 있다'라는 생각은 더 급속히 낡은 패러다임이 될 것입니다. 이전 방식으로 중앙화된 조직에서 기존의 규칙을 고집하면 미래에 대한 예측과 반응 속도가 느려질 수밖에 없습니다. 지금 세상이 바뀌는 속도를 보면 환경 변화를 인지하고, 해결책을 내고, 적응하는 3단계가 거의 동시에 이루어지고 있습니다. 각자 완성된 지능을 갖춘 핵개인들이 분산된 권력의 형태로 세포처럼 퍼져 있기에, 매번 몰아치는 변화의 파도에 더 빨리 올라타고 더 최적화된 해결책을 내고 있는 것입니다.

이런 상황을 조직에 적용하면 어떻게 될지 생각해 봐야 합니다. 그간 조직에서는 작은 규모의 팀이 큰일을 맡을 수 없었기 때문에 변화에 대처하기 위해 조직의 규모를 더 키워왔습니다. 그에 비례해 조직의 복잡성도 커집니다. 반면 자율성과 재량권을 갖는 핵개인들의 세포 조직은 중세 시대 상인 연합인 길드처럼 수평적인 최적화 형태를 선호합니다. 규모와 복잡성의 폭증을 원치 않습니다. 이런 구조 속에서는 실무를 맡지 않는 직무가 빠르게 사라집니다. 형식적인 서열 관계가 와해되면 관리로 '자리보전하던 L부장'의 의자

당신은

현상 유지를 원하는 '권위적인 상사'인가요?

포용을 갖춘 '현명한 권위자'인가요?

는 빠지게 되는 것입니다. 모든 L부장이 그런 것은 아닙니다. 전문성이라는 권위를 갖고 있지 않은 L부장의 경우입니다. 전문성 없이 권위 시스템의 일부 역할을 수행하고 있는 L부장이라면 이미 오래전부터 자기 정체성의 혼란을 겪고 있을 가능성이 높습니다.

그러한 L부장이 중요하게 생각하는 것은 현상 유지이지 변화와 적응이 아닙니다. 그는 이 시스템의 개선을 막기 위해 유능한 사람을 경계하고 누락시킬 확률이 매우 높습니다. 본인이 추월당하고 낙오될 공포를 느끼기 때문입니다. 하지만 젊은 구성원들, 지금 시대의 핵개인들은 효율을 전제로 하지 않는 명목상의 권위를 '권위적'이라 규정합니다. 그리고 기존의 권위 중에서 어떤 것이 진짜 권위인지 분별하고 싶어 합니다. L부장은 현상 유지를 원하는 '권위적인 상사'인가, 전문성과 포용력을 갖춘 '현명한 권위자'인가 계속 묻습니다.

L부장뿐 아니라 모든 개인들은 지금 계속해서 다시 태어나기를 요구받고 있습니다. 최신화와 현행화라는 말이 있습니다. 최신화는 가장 최근의 버전을 뜻합니다. 현행화는 환경에 맞춘 자기 갱신의 과정 그 자체입니다.

인류에겐 축복이지만, 당신에겐 재앙일 수도

"AI는 인간이 시키는 일만 반복할 뿐이야."

"AI는 창의적인 일을 할 수 없어."

지난 시간 동안 인간들은 이렇게 믿었습니다. 과연 그럴까요? AI는 이미 인간의 창의성을 극대화시켜 결과물을 생성하는 도구로 쓰이고 있습니다. 바로 그 점이 생성형 AI 이전과 이후를 구분하는 가장 큰 차이입니다. 거대 언어 모델은 맥락을 기반으로 결과를 산출할 수 있고 창발적인 정보를 처리할 수 있습니다. AI가 만든 음악, 그림, 영화, 시, 소설과 동화까지 다 가능합니다. 나아가 AI는 여러분이 AI에게 무엇을 시켜야 하는지 먼저 힌트를 줍니다. 여러분이 무엇을 알고 무엇을 모르는지를 바탕으로 제안도 해줍니다. 말귀를 잘 알아듣고 창의적일 뿐만 아니라, 모든 것을 아낌없이 한 발 앞서 알려준다는 이야기입니다.

혹시 '삼쩜삼'이라는 서비스를 아시는지요? 모든 프리랜

서는 3.3%의 세금을 제하고 그 대가를 받습니다. 삼쩜삼은 그것을 모아서 세금을 신고하고 환급금을 돌려주는 서비스입니다.

여러분은 회계 처리를 어떻게 하십니까? 세무사, 회계사를 고용하는 사람도 있지만 내재화된 소프트웨어를 쓰는 경우도 많습니다. 그런데 그 소프트웨어도 회계를 잘 알아야 사용할 수 있습니다. 잘 모르는 사람이라면 그 안에 들어있는 종합소득세라는 말부터 어렵습니다. 초보적인 문답부터 해나가야 합니다.

"당신은 급여를 매달 받습니까?"

"네."

"그렇다면 갑종근로소득세에 해당하므로, 정산은 연초에 이루어집니다."

"그게 뭔데요?"

"연말정산입니다. 급여소득에서 국가가 한 번에 징수한 세액을 연말에 대조해 보고, 더 많이 냈거나 적게 냈을 때 돌려받거나 더 내는 절차입니다."

국가에서 제공하는 홈택스 서비스를 쓰면 직접 할 수 있지만 왠지 막막합니다. 그럴 때 경영지원팀이나 세무사에게 도움을 청합니다. 이런 식으로 우리는 세금신고를 해야 할 때마다 누군가를 찾습니다. 그런데 삼쩜삼은 이런 식입니다.

"당신은 혹시 3.3% 제하고 돈을 받습니까? 계약을 100만 원으로 했는데 96만 7,000원만 들어왔나요? 세금을 계산해서 혹시 돌려받을 게 있으면 받아드리겠습니다. 한번 클릭해 보시겠습니까?"

이렇게 프로그램이 안내하는 대로 주민등록번호를 넣으면 그간의 수입과 낸 세금, 환급받을 수 있는 금액이 나옵니다. 세금신고 환급 도움 서비스인 '삼쩜삼'은 그야말로 대박이 났습니다. 무슨 말인가 하면, 환급이라는 단어의 뜻을 모르는 사람들에게 서비스를 확대한 것입니다.

여기에 담긴 교훈은, AI는 여러분이 그것이 무엇인지 몰라도 돌봐줄 것이라는 점입니다. 바로 그 점이 무서운 것입니다.

아낌없이 주는 AI, 축복 혹은 재앙

문제 해결 1.0은 내가 문제를 정의하고 전문가가 해결을 도와주는 것입니다.

문제 해결 2.0은 내가 문제를 정의하고 해결에 필요한

것을 파악해서 직접 해결하는 것입니다.

문제 해결 3.0은 내가 문제를 제기하고 AI가 문제 인식과 정의, 해결을 도와주는 것입니다.

생성형 AI에 대한 우리의 기대는 세 번째 단계인 3.0에 주목합니다. 가장 큰 시장은 '문제를 정의하지 못하는 사람에게도 해결책을 제공해 주는 시장'입니다. 가령 1.0은 어떤 분쟁이 생겼을 때 증거를 수집한 후 변호사에게 의뢰하는 행위입니다. 2.0은 세법을 다 이해한 다음 그것을 기반으로 가장 합리적으로 신고하는 행위입니다. 3.0은 '그냥 세무사에게 물어보자'입니다. AI가 이 3.0 시장으로 들어오는 것입니다. 그 순간부터 정보의 비대칭성이 무력화됩니다.

전문가들의 특징은 고유한 언어를 사용한다는 점입니다. 보통 사람들은 '종합소득세', '원천징수', '부가가치세', '피부양인' 이런 단어만 들어도 머리가 지끈지끈 아픕니다. 그 안에 함축된 규정을 단번에 파악하지 못하기 때문입니다. 전문성은 각 영역의 고유 언어로 보호됩니다.

법적, 공적 언어는 분쟁의 여지가 없어야 하기에 일상 언어와 차이가 있습니다. 그것을 번역해 주는 것은 법무사, 세무사, 변호사의 일에서 매우 중요한 부분입니다. AI가 지금 그 부분을 매우 친절하게 파고들고 있습니다.

종합소득세 신고 하나 하기 위해서도 절차와 전문 언어에 대한 이해가 필요합니다. 홈택스에 들어가도 뭐가 뭔지 모르겠고, 까딱하다 버튼을 잘못 누르면 손해 보는 일이 생길까 걱정됩니다. 세무사에게 의뢰하면 손해 보는 걱정은 덜지만 비용이 듭니다. 그런데 소득세 신고가 무엇인지 잘 몰라도 노동의 대가를 받은 적이 있다면 '버튼만 눌러!'로 해결할 수 있는 시대가 왔습니다.

중요한 것은 여기서 업계 내부자의 카르텔이 깨진다는 것입니다. 골프를 배우는 이들에게 농담처럼 회자되는 이야기가 하나 있습니다. 티칭 프로에게 배운다고 해도 한 번에 다 알려주지는 않는다는 것입니다. 단기간에 다 가르치면 고객이 없어지기 때문에 천천히 진도를 나간다는 음모론입니다.

하지만 생성형 AI는 아낌없이 알려줍니다. 심지어 보수가 월 수십 달러에 불과합니다. 자신의 시장과 전문성 보호를 위해 공개하지 않던 고급 노하우들이 생성형 AI에 의해 대거 방출되기 시작한 것입니다. 부동산, 세제, 법률 등 이런 식으로 고유 전문 영역을 파괴하는 서비스들이 속속 출시되고 있습니다.

이것은 축복일까요, 재앙일까요? 인류에게는 축복이고 나에겐 재앙일 수 있습니다.

AI의 출현은 축복일까요, 재앙일까요?

인류에게 축복이어도

나에게는 재앙일 수 있습니다.

이제 워드 프로세서나 엑셀 자격증 정도로는 취직이 쉽지 않을 것입니다. 인간의 지난한 노동이 끝나가고 있는 것입니다. 숱한 '복사와 붙여넣기'가 끝나가고 있는 것입니다. 이제는 자신이 무엇을 새롭게 준비해야 할지 살펴봐야 합니다.

지난 수십 년간 정보통신의 발달은 책상을 벗어나 노트북 하나 들고 가면 어디서나 일할 수 있는 구조를 만들었습니다. 그래서 컴퓨터의 바탕화면을 영어권에서는 데스크톱이라고 합니다. 그런데 이제는 이마저도 필요 없고 아이언맨의 자비스처럼 마이크만 있으면 일할 수 있는 환경으로 진화해 가고 있습니다. 이렇게 바뀌는 것들을 인식하고 내가 그에 따르는 진화를 따라가지 못하면, 함께 일할 수 없게 될지도 모릅니다. 인적 경험에 축적된 노하우만을 무기 삼아 커리어와 자신의 일을 지키려 하면 곤란해질 수 있습니다. 계속해서 새로운 도구, 새로운 기술, 새로운 연결성에 대한 적응이 요구됩니다.

큰 재난으로도 다가올 수 있는 급격한 환경 변화를 자신만의 기회이자 스스로의 축복으로 변화시키는 방법의 기본은, 시대의 큰 흐름을 읽고 그 안에서 끊임없이 자신을 현행화하는 것입니다.

재앙을 축복으로 만드는 연금술

조직에서 훌륭한 구성원은 누구일까요?

주어진 일을 숙련하고, 쉬지 않으며, 문제없이 해내면 우수 사원으로 뽑히던 시기가 있었습니다. 끊임없이 기계가 돌아가는 공장에서는 기계보다 그것을 조작하는 사람이 가장 큰 변수였습니다. 기계는 24시간 일할 수 있지만 사람은 잠도 자고 밥도 먹어야 하기 때문입니다. 업황이 좋을 때는 3교대 철야 근무가 일상이었습니다.

성과를 극대화하기 위해 인간의 동작을 연구하는 OR(Operational Research)이라고 하는 새로운 학문 분야가 탄생하기도 했습니다. 그다음은 반복되는 업무를 숙련시키고 지치지 않게 하기 위해 품질관리 프로세스, 동기부여 프로그램, 다양한 동아리 활동 등 수많은 기법이 적용되었습니다.

TV 프로그램에서는 100장의 묶음으로 지폐를 추려내

순식간에 세는 일을 정확히 해내는 은행원이나, 포장용 박스를 접는 일을 다른 이들보다 3배나 빠르게 척척 해내는 사람들이 출연했습니다. 반복된 업무의 숙련자는 같은 급여를 받으며 더 높은 생산성을 제공하는 달인으로 칭송받았습니다.

이제 반복된 일은 AI와 로봇이 합니다. 그렇다면 현재의 일은 어떻게 될까요?

L매니저가 엑셀 시트를 정비하는 일을 하루에 10건 할 수 있다면, M매니저는 숙련하여 30건 할 수 있을지도 모릅니다. M매니저의 생산성은 L매니저보다 3배 높습니다. 만약 프로그래밍을 익힌 N매니저가 엑셀 시트를 만들어내는 행위를 자동화시킨다면 3,000건도 할 수 있습니다. 그렇다면 300배의 생산성 향상이 일어납니다. 나아가 업무 자체를 혁신하고자 하는 O매니저가 그 엑셀이 필요 없도록 전체 프로세스를 바꾼다면, 향후 수백만 시간을 절약하게 됩니다. 이 경우 생산성 향상은 계산하지 못할 만큼 커집니다.

이처럼 앞으로 일을 잘하는 사람은 일을 열심히 하거나 숙련하는 사람이 아니라, 일을 없애는 사람이 될 것입니다. 문제는 그의 직업이 일을 없애는 것이라면, 그 사람 본인은 그다음에 무엇을 할 것이냐는 모순이 남아있다는 것입니다.

내 일이 일을 없애는 것이라면, 하나의 일을 없애면 다시 다른 일을 없애야 합니다. 그렇게 하나둘씩 없애다 보면 조직 내에서 없앨 일이 더 이상 남지 않게 되는 것은 아닐까요?

이 모순은 사실이기도, 사실이 아니기도 합니다. 혁신이 이루어진 뒤 안정화되어 운영되는 조직이라면 극단적 효율로 현재의 상태를 유지하는 것만이 과제가 됩니다. 결국 그 일을 없앤 사람은 다음에 할 일을 찾기 어려워지는 모순에 빠질 것입니다. 이 경우 일 잘하는 사람이라면, 해당 조직에서 모든 일을 마친 후 그 경험을 발판으로 다른 조직으로 이동하게 됩니다.

그렇지만 현실은 그렇지 않은 쪽에 가깝습니다. 우리 삶은 불가지하고, 각자는 지능을 갖고 있습니다. 일을 없애는 매니저가 직무를 성취해서 안정화를 이룬 다음에도 조직은 더 큰 부가가치로 이전하는 새로운 꿈을 현실화시키고자 시도할 것입니다. 그렇기에 그기 새롭게 개선하고 도전해야 할 일은 끊이지 않습니다. 조직이 외부와의 경쟁에 놓인 상황이라면 혁신은 일상적으로 요구됩니다. 그렇다면 일을 잘한다는 것의 의미는 숙련에 머무르지 않습니다. 앞으로의 과업은 지금의 일을 지켜내는 데에 있지 않고, 새로운 기술을 발판으로 파괴적 혁신을 해 나가야 한다는 사실을 빠르게 인정하고 변화에 적응하는 것입니다.

마찬가지로 현재의 직업 역시 미래의 직업과 같을 수 없습니다. 많은 사람들이 AI의 도래로 없어질 직업에 관한 정보를 공유하며 불안해합니다. 하지만 걱정할 필요가 없는 이유는, 앞으로도 새로운 직업이 무수히 나타날 것이기 때문입니다. 지금의 직업 역시 20세기에도 존재하지 않던 직업들이 많습니다.

문제는 더 큰 불안이 곧 따라온다는 것입니다. 그 불안은 없어질 직업은 명확히 보이는데 생겨날 직업이 모호하게 느껴지는 막연함 탓입니다. 우리는 통상 이미 존재하는 직업 가운데서 자신의 진로를 선택하려 합니다. 하지만 직업의 생멸 속도가 가파른 현대에는 지금 자신의 직업을 선택하는 것보다, 현재의 경험과 이력을 쌓으면서 미래의 선택을 준비하는 것이 옳습니다.

이때 각자가 취해야 할 자세는 새로운 기술과 시도를 두려워하지 않고 실행에 옮기는 것입니다. AI가 우리의 문제를 해결해 줄 것이라는 환상이 담긴 글이 올라오면 깜짝 놀라고 두려워하지만, 몇 달도 안 되어 생각보다 AI의 정확도와 현실적 성과가 적을 것이라는 글이라도 올라오면 '그럼 그렇지' 하며 가슴을 쓸어내리곤 합니다. 하지만 그런 태도는 자신의 미래에 전혀 도움이 되지 않습니다. AI는 모든 것을 해 줄 수 있는 만능의 기술이 아닐 수 있지만, 그렇다고 어떤 분야에도 쓸모없는 무용지물 역시 아닙니다.

연금술이 가져다준 뜻밖의 선물

예전에 아랍과 유럽에서 성행했던 연금술은 결국 금을 만들지 못했지만, 그 꿈을 이루고자 노력한 수많은 사람들의 시도는 화학이라는 학문의 발전으로 이어져 근대의 풍요를 이루는 근간이 되었습니다. 공중질소합성법을 개발해 질소비료를 대량생산하여 인류 기근의 문제를 해결한 하버-보슈 공법 역시 선대와 그 선대 연금술사의 노력에 빚진 바 있습니다.

마찬가지로 일상의 수고로움을 없애려 연금술 같은 완전 자동화의 꿈을 시도하는 이들은 그 과정에서 혁신의 열매를 얻겠지만, 이를 전설의 엘도라도로 치부하며 항해조차 시작하지 않는 이들은 영영 그 혜택의 지분을 얻지 못할 것입니다.

우리는 미래에 관해서 잘 모릅니다. 그렇기 때문에 미래를 만들기 위한 노력을 더욱 게을리하지 말아야 합니다. 지구 온난화와 기상 이변은 원인에 따른 결과이지만, 결국 예상치 못한 전대미문의 기후 변동으로 재앙처럼 다가옵니다. 마찬가지로 AI와 자동화 역시 원인과 결과로 우리에게 다가오지만 우리에게 참여의 여지가 있기에 재앙이 될 것인가 축복이 될 것인가는 각자의 선택에 달려 있습니다. 장마철 일기예보를 외면하고 하천 길로 나서는 무모한 산책객이 되지 않기 위해서라도, '시대예보'에 귀 기울여 생존의 기술로 무장한 뒤 새로운 시도에 나서야 합니다.

제3장

채용이 아니라 영입

사람들이 기대하는 것은

당신만의 서사입니다.

당신이 그 일을 얼마나 사랑하는지

그 기여가 얼마만큼 치열했는지

대학은 입학만, 졸업 혹은 창업은 당신의 선택

틸 펠로십Thiel Fellowship은 실리콘밸리의 투자자로 유명한 피터 틸이 만든 청년 장학 프로그램입니다. 만 22세 이전의 청년이 지원할 수 있으며 젊은 창업가들에게 10만 달러와 함께 네트워킹과 멘토링을 제공합니다. 대학을 중퇴하는 것이 조건입니다. 그들의 홈페이지에는 다음과 같은 명확한 설명이 제시되어 있습니다.

"The Thiel Fellowship gives $100,000 to young people who want to build new things instead of sitting in a classroom."

"교실에 앉아 있는 것보다 새로운 것을 만들고 싶어 하는 젊은 사람들에게 10만 달러를 주겠다"라는 피터 틸의 메시지는 현실에서 중요한 변화를 이끌어냈습니다. 2022년 어도비가 약 28조 원에 인수한 웹 기반 디자인 협업툴 피그마의 창업자 딜런 필드는 2012년 브라운 대학교를 중퇴하고 틸 펠로십을 받은 대표적 인물 중 한 명입니다. 딜런 필드는 대학 교육이 '누군가'에게는 필요한 과정이라고 인터뷰에서 밝힌 바 있습니다. 다만 본인이 누군가는 아니라고 하니 그 누군가가 궁금하기도 합니다.

2020년 루미나 테크놀로지Luminar Technologies를 나스닥에 상장시키며 억만장자 대열에 합류한 오스틴 러셀도 2013년에 스탠퍼드 대학을 중퇴하고 틸 펠로십을 받았습니다. 루미나 테크놀로지는 자율주행 차량의 필수 부품에 해당하는 라이다LiDAR 분야에서 혁신적인 제품을 내놓아서 시장의 주목을 받은 기업입니다.

근원적 회의, 자기 결정권

"제가 대학을 갈 때 선생님이 '유전공학을 해야 한다'라고 하셨어요. 대학에 가서 선후배들을 보니 그들은 다 지금 뭐가 뜨는 학문인지 이야기하며 그 방향을 따라갔어요. 사회가 당장 이런 인력을 요구한다는 거죠. 그런데 세상이 변하는 속도가 너무 빨랐어요. 떴다가 사라지는 학과도 많았고요."

많은 사람들이 대학 입학과 교육 과정에서 이런 불만을 토로합니다. 지금의 새로운 세대들도 비슷한 허탈함을 이야기합니다.

그 중심에는 내 삶의 의사 결정을 내가 하지 않았다는 정서가 깔려 있습니다. 이런 전공을 하면 탄탄대로가 열릴 것이라고 했던 계보는 죽 이어져 왔습니다. 조선해양공학, 원자력공학, 유전공학, 반도체공학, 지금의 인공지능 분야에 이르기까지 숱한 변천을 보여주었습니다. 가장 큰 문제는 특별한 근거 없이 서로 '이 계통이 뜬다'라는 알맹이 없는 정보를 전파했다는 것입니다. 1990년대부터 '한·중 수교를 한다고 하니 중국이 뜨겠네' 정도의 생각으로 중문과에 들어가는 식입니다. 청년들은 떠밀리듯 '뜨는 과'에 입학했습니다. 말하자면 정보의 전파 과정이 치열한 고민 없이 이루어졌다는 것이고, 그마저도 너무 성급했다는 것입니다.

'자식의 인생에 어느 정도로 관여해야 하나'는 모든 부모의 고민입니다. 인생을 먼저 산 선배로서, 나아가 앞으로 자식의 소득구조에 지분을 갖는 일종의 투자자로서 중요한 결정이기도 합니다. 그 무엇보다 자식을 사랑하는 마음에 진로를 제시하지만 그 권유의 강도가 적절한 균형을 찾기는 쉽지 않습니다.

"나는 의견을 준 것일 뿐 네가 판단한 너의 인생이야. 그러니까 네가 선택한 길은 네 책임이야." 이렇게 사전에 안전장치를 걸었다 해도 상하관계의 역학 속에서 자식은 부모의 의견을 거스르기 힘듭니다. 그렇기 때문에 자식은 힘들고 원하는 대로 되지 않을 때 근원적 회의가 고개를 듭니다.

"이 길은 내가 선택한 게 아니야. 엄마가 가라고 해서 갔는데…."

억울한 것입니다. 자신의 삶을 주체적으로 선택하지 않았기 때문입니다. 내가 하고 싶은 것을 주체적으로 탐색하고 내 방식대로 추구한 게 아니라, 성공할 만한 것을 부모와 주변의 말만 믿고 우르르 좇아갔다가 낭패를 보니 서로가 억울한 것입니다. 그 억울함과 억하심정이 이제 수백만 명의 가슴에 남아 있을지 모른다는 것이 우리 사회의 문제입니다.

자식들도 자신이 원하지 않는 진로를 선택했다는 억울함이 있지만 부모들도 최선을 다해 인생을 바쳤다는 속상함이 있는 것입니다. 사교육의 밀도가 치열한 곳의 세칭 헬리콥터 부모들은 자식을 위해 엄청나게 치열한 삶을 삽니다.

'경쟁 속에서 최선을 골라줘야지', '네가 혹시 실수할까 봐 미리 가려서 보여준다'라는 생각으로 나타나는 선의의 욕망이지만, 근본적으로 자식을 나와 다른 독립된 인격체로 생각하지 않는다는 게 맹점입니다. 이렇게 되면 타인의 인생을 나의 인생으로 착각하고 통제를 합리화하게 됩니다.

이런 논리가 조직으로 확장되면 더욱 문제가 커집니다. 어떤 기업이 '여러분은 우리의 식구이고 회사는 여러분의 집입니다'라는 식의 메시지를 보낸다면 이는 구성원을 자율적이고 독립적인 인간으로 상정하지 않고 있다는 것입니다. 경영진 입장에서도 자신들의 연륜에서 생각하기에 더 좋은 방편들을 제공하려 했던 것이겠지만, 이 역시 지나친 오지랖입니다. 마치 기업은 구성원을 육성해야 할 책무를 갖고 있고 구성원은 본인을 입증하지 않은 미성숙한 개체라는 주장과 궤를 같이합니다.

이 이야기는 근원적으로 교육 시스템의 철학과 맞닿아 있습니다. 한국 교육을 담당하고 있는 사람들의 목표가 스무 살까지여서는 곤란합니다. 법적 미성년 상태에서 공교육을 마치고 대학 진학을 위한 입시 프로세스까지만 공정하게 설계해주면 된다는 관점이라면, 교육은 대학에 이르는 파이프라인까지만 관리하게 됩니다.

입시 관련 정책 간담회에서는 주무부처의 최고 책임자보다 유명 대학의 입학처장 발표에 학부모들이 집중하는 모습을 보인다는 슬픈 이야기가 있습니다. 기관 책임자의 설명은 듣지도 않고 세칭 명문대 입학처장이 마이크를 잡으니 그때부터 모든 학부모들이 메모를 하려고 몸을 앞으로 숙이더라는 이야기에서 우리는 학부모의 관심사가 어디를 향하는지 확인할 수 있습니다. 많은 교육 소비자들이 교육의 질적 향상보다 유명 대학의 입학 방안에 더 큰 관심을 갖습니다.

이런 환경에서 백년지대계百年之大計라 일컫는 교육이 어떤 역할을 할 수 있을지 의문입니다. 그리고 대학 입학 후 나머지 80년을 설계하는 중요한 일은 누가 도울 수 있을지도 궁금합니다. 대학에 입학한 청년들이 무엇을 배우고 어떤 방향으로 가야 하는가, 우리가 꿈꾼 교육의 목표가 얼마나 긴 시간에 걸쳐 이뤄질 수 있도록 도울 것인가를 고민해야 할 때입니다.

무엇보다 우리 사회가 시작점을 자꾸 목표로 생각하는 경향이 있음에 주의해야 합니다. 대학은 진지한 고민의 시작점에 불과합니다. 그런데 그것을 목표점이자 종료 지점으로 착각한다면, 대학 입학을 결승선으로 인식하고 진학을 준비한 사람들은 입학 후 그것이 출발점에 불과하다는 것을 알고 허무해질 수밖에 없습니다. 이런 경우 대학의 학과 학업에 지속적 흥미를 보이기는 어려울 것입니다.

길잡이도 몰랐던 길

극도로 분업화되면 궁극의 목표를 잊기 쉽습니다. '우리 지금부터 다 같이 보물섬을 향해서 가자'라고 한다면 모두 그 꿈을 공유합니다. 꿈이 아니라 단기의 목표만을 상정하면 애초에 이것을 왜 했어야 하는지를 잊기 십상입니다.

"대학에 가려면 뭘 해야 하는 거지?"

"논술이요." "수학이요."

"그럼 잘게 나눠서 해결해 보자!"

누군가는 논술을 준비하고 또 누군가는 수학에 매진하고 다른 누군가는 영어에 전념합니다. 이렇게 열심히 해서 결과가 나왔는데 막상 입학하고 나니 그것이 출발점에 불과했다고 알게 된 것입니다. 궁극적인 목표를 잊을 만큼 과정을 분절시켜버렸기 때문입니다. 역사학자 유발 하라리는 세상이 복잡해지고 각자가 그만큼 역할을 나누다 보니, 어느 누구도 전체를 볼 수 없게 되었다는 이야기를 합니다. 그는 이런 이유로 앞으로 우리의 미래는 더 위험해질 것이라 경고합니다.

문제는 하나 더 있습니다. 이런 복잡한 세상 속 어떤 길잡이들은 본인들도 잘 모르는 길로 타인을 이끌곤 합니다.

어린아이들의 진로 지도 장면에서 어른들은 그들도 잘 모르는 미래에 대해 아이들에게 단정적으로 말하는 모습이 자주 관찰됩니다. 미취학이나 초등학교 저학년 아동을 위한 직업 체험 센터가 이제는 중고생까지 확장해 프로그램을 운영합니다. 각종 직업을 보여주지만 그중에서 어떤 직업이 계속 남게 될까요? 현장에서는 이런 이야기가 나온다고 합니다. 아이들이 소방관이나 택배 기사 일이 재미있으니 유니폼을 입고 열심히 하면 부모들이 와서 건의를 한다는 것입니다.

"그거 시간 좀 줄여주시면 안 돼요?"

아이들이 몸으로 하는 활동을 좋아하여 나중에 그런 진로에만 관심을 가지면 어떡하냐는 걱정을 전하는 것입니다. 여기에 '몸을 쓰는 일 말고 치과의사 같은 전문직 체험 시간을 길게 늘려달라'는 주문이 따라옵니다. 직업에 귀천을 두는 것도 편협하지만 근본적 문제는 미래 직업의 분류가 어떻게 될지 모르는데 그것을 지금 가르칠 수 있다고 생각하는 것입니다.

대학 졸업을 앞둔 어떤 청년들은 부모가 '너 뭐 할 건데?'라고 묻는 순간 당황해한다고 합니다. '대학을 가라고 한 것은 부모님인데 왜 나에게 묻지?'라는 생각이 든다는 것입니다. 이미 부모의 발 빠른 정보력으로 중국어과에 간 선배들은 조선족 중국인과 경쟁해야 하는 입장에 놓이게 됩니다. 통번역 대학원에도 태어날 때부터 이중 언어를 사용한 네이티브들이 입학한다고 합니다.

이 모든 광경이 장님이 장님을 이끌고 간 결과입니다. 부모들은 먼저 살았다는 이유 때문에 아는 척해야 하는 책무에 놓여 있다고 믿었던 것입니다. 그렇다면 지금부터 부모가 해야 할 일은 '나도 잘 몰라, 함께 고민하며 탐색해 보자'라고 하는 것입니다. 입시 과정과 사교육은 고도화되었는데 입시 후의 대학 생활과 진로에 대한 논의는 유예되었습니다. 행위는 전문화되었으나 목표는 전문화되지 않은 것입니다. 그렇기에 이제는 과거와 현재의 단서만으로 미래를 단정 지어 진로와 교육을 이야기할 것이 아니라, 사회 변화와 다가올 미래를 제대로 고민해 보아야 합니다. 그 변화에 맞추어 다음 세대의 기여를 고민해 보아야 합니다.

유명 대학 나온 동네 사장님들

오래전 제가 살던 동네의 과외 선생님은 전직 초등학교 교사였던 친구 어머니였습니다. 마루에 밥상을 펼치고 하루 종일 아이들에게 받아쓰기며 산수를 알려주는 모습은 품앗이 육아를 도시에 도입한 모습으로, 정겨운 추억이었습니다. 이후 보습학원이 규모를 갖추고 대형 학원이 재수의 명문으로 불리며 입시 등용문에 혁혁한 전과를 세웠습니다. 학원 재벌이라는 신조어도 만들어졌습니다.

야학에서 봉사하고 과외로 용돈을 벌던 열혈 청년들 역시 학원으로 진입해 교육 사업에 투신하며 사교육의 산업화가 이루어졌습니다. 교육이 부업에서 사업으로 변모하는 모멘텀이 형성된 것입니다. 여기에서 더 나아가 정보통신의 발달로 인터넷 강의가 대중화되면서 동네 보습학원의 영세한 투자는 전국구 학원 스타 강사들의 라인업에 대항력을 갖지 못하게 되었습니다. 작은 골목시장이 대형 플랫폼의 스타 플레이어에게 흡수당하는 일이 벌어지게 된 것입니다. 이 정점에 스타 강사들이 자리 잡습니다. 포털에 유명 학원 강사의 이름을 검색하면 연관 검색어에 연봉, 재산 등이 나옵니다. 해외 유명 대학 출신의 화려한 이력이 보이기도 합니다. 미국 유명 대학 졸업장이 한국의 입시에 적합한 전문성인지는 모를지라도 시장은 '학벌의 인플레이션'에 반응합니다.

월드 리그의 끝은 다시 로컬이 될지도

학벌 인플레이션은 아시아에서 미묘하게 뒤틀린 채로 진행되고 있습니다. 미국 펜실베이니아 주립대 사회학과 샘 리처드 교수는 수업 도중 중국 출신 유학생 6명을 불러내 문답을 주고받은 강의 일부를 유튜브에 공개했습니다. 그 학생들에게 어렸을 때 받은 교육을 물었더니 그 교육의 강도가 어마어마했습니다. 10년 동안 바이올린, 영어 수업 등 여러 가지를 쉬지 않고 배웠다고 합니다. 그들에게 왜 미국에 왔냐고 물었더니 그 답이 놀랍습니다.[17]

"미국은 대학 가기가 쉬워서요."

펜실베이니아 주립대 정도면 중국 내 10대 상위권 대학과 같이 인정받는데, 중국에서 그런 대학에 가려면 웬만큼 열심히 해서는 어림도 없다는 것입니다. 본국에서의 입시에 비해 미국 대학은 준비 과정이 적게 요구되니 당연히 유학을 온다는 이야기였습니다. 이것 역시 일종의 우회 전략입니다. 한국에서도 종종 회자되던 이야기입니다.

대답을 들은 미국에서 태어난 학생들은 '우리는 펜실베이니아 주립대에 들어오는 것도 꽤 어려운 일인데' 하고 놀랍니다. 게다가 그 정도 유명 대학을 나온다고 해도 중국에서 취업하면 약 5,000위안 정도, 한국 돈으로 월급 100만 원 내외를 받는다고 하니 수억 원의 학비를 들인 걸로 따지면 수지 타산이 맞지 않는 구조입니다.

그다음 질문으로 교수가 '무슨 차를 타느냐'고 물으니 중국 유학생들은 '포르쉐'라고 답했습니다. 중국은 인구밀도가 높아 경쟁이 매우 심한 나라이기에 부유한 중국인들이 학벌이라는 간판을 얻기 위해 미국으로 자원을 투자한 것입니다. 이 사례만 보면 이미 부유한 환경에서 얻은 우월한 지위를 유지하기 위해 학벌을 추가하고 있는 것이 드러납니다. 우월함을 입증하기 위한 불필요한 경쟁은 점점 과열됩니다.

그리고 이 경우 학벌이라는 타이틀 역시 나의 미래를 위해 필요한 지혜를 얻기 위함이 아니라 상대와 나를 구별 짓기 위한 표식과 같습니다. 이런 욕망에서 경쟁은 제한이 없습니다. 학부를 넘어 대학원, 한국의 국립대를 넘어 미국의 아이비리그로 향하는 것입니다. 반대로 이전에 유세를 부릴 수 있던 권위는 명함을 못 내밀게 됩니다. 지역 리그가 내셔널 리그를 거쳐 월드 리그로 끝없이 올라가는 것만 같습니다.

이런 무한 경쟁이나 우월함이 반드시 바람직한 것은 아닙니다. 하지만 지금껏 지역적 우월함에 기대어 살아온 예전 사람들을 본다면 고소한 면도 없지 않습니다. 무엇보다 그 시절의 대학이란 훌륭한 누나가 가족을 위해 포기한 대상이었습니다. 그리고 대학을 보낼 만큼 경제적 여건이 좋은 집이 많지 않았기에 진학 경쟁이 지금처럼 심하지 않았습니다. 그 시절의 노력을 폄하할 수는 없지만 그간의 경험이 절댓값을 가진 것만도 아닙니다.

물론 동네 학원에서 진심을 다해 아이들을 가르치는 훌륭한 선생님도 많습니다. 무엇보다 아이들에게 일상의 본을 보여주고 인생의 중요한 이정표를 만들어준 것만으로 큰 기여를 한 것입니다. 다시 말해 동네 권위자도 충분히 인정할 만한 권위자라 할 수 있습니다. 지인 중 신도시의 과외 선생님으로 15년 이상 학생들을 지도한 사람이 있습니다. 그는 학생들을 아끼는 마음이 너무 커서 그들의 마음까지 보살펴 주려 한다고 합니다.

"고생이 많다. 일단 좀 먹고 하자!"

자신을 찾아온 학생을 환대하는 선생님에게 힘을 받은 아이들은 서서히 공부할 이유를 찾고, 하고 싶은 일을 찾아 성장했다고 합니다. 대학생이 되어 찾아오는 아이들과의 에피소드가 선생님의 소셜미디어에 올라오면 많은 사람들이 존경을 표합니다. 그 선생님이 찾아준 것은 사회가 강요하는 '학벌의 인플레이션'이 아니라 '너 자체로 귀하다'라는 그의 존재 자체에 대한 인정이 아니었나 싶습니다.

인정은 내가 갈구하고 상대가 그렇다고 해줘야 완성되는 것입니다. 기본적으로 권위 자체를 목표나 목적으로 삼지 않아야 온전히 인정받을 수 있습니다. 권위를 획득하려는 순간 또 한 번의 함정에 빠질 수가 있습니다. 학벌은 인정을 획득하기 위한 하나의 장치로 쓰일 수 있겠지만, 학벌로 유세 부리지 않으려고 하는 순간 그 노력의 권위와 인정도 온전히 얻을 수 있게 되는 것입니다.

개인 병원의 간판에 붙어 있는 대학교 로고처럼 사람들은 아직도 '이왕이면 학벌'이라는 부가 조건에 가치를 부여합니다. 사람들은 학교에 진학하기 위한 노력이 곧 그들의 실력을 대변한다는 서사적 장치에 다소 중독되어 있습니다. 하지만 간판에서 보여지는 것만큼 실력이 기대에 미치지 못한다면 누군가는 그 불일치에 더욱 화가 날 수도 있습니다. 자신의 일을 열심히 하기 때문에 멋있어 보이는 것일 뿐, 그가 '멋있음'을 추구하는 순간부터 멋있지 않은 것처럼 말입니다.

수많은 대기업 퇴사자는 어디로 갔을까

2008년 글로벌 경제위기 이후 모 대기업 그룹사 입사 시험이 포스트 수능시험처럼 여겨지던 시기가 있었습니다. 초등학교 입학생 부모들조차 대놓고 '잘 키워서 대기업 보내고 싶다'라고 말하던 시절이었습니다. 대기업은 대학 졸업자들의 경쟁의 종점이자 새로운 학벌이었습니다. 자녀가 대기업에 들어갔다는 것보다 더 큰 효도가 없었고 동년배들 사이에서 '그 친구 대기업 다니잖아'는 성공 레이스를 입증하는 증표로 인식되었습니다. 두 번의 금융위기를 겪은 탓에 우리는 어쩔 수 없이 안정적인 일방향의 미래만 보고 싶어 했습니다.

하지만 세상은 순식간에

방향을 틀었습니다.

수능이 마지막 시험도

대기업 입사가 마지막 관문도

아닌 세상으로

IMF 사태와 글로벌 경제위기를 거치면서 순식간에 추락하는 삶을 목격한 보통 사람들은 외부 충격에도 쉽사리 부도나지 않을 것 같은 대기업 취직에 매달렸습니다. 치열한 토너먼트를 뚫고 대기업 명함을 받는 순간 고액 연봉으로 안정적인 가정을 꾸리고, 훈장 같은 사원증을 목에 건 채 평생 보호구역에서 살 수 있을 것만 같았습니다.

하지만 세상은 순식간에 방향을 틀었습니다. 수능이 마지막 시험도, 대기업 입사가 마지막 관문도 아닌 세상으로 변화한 것입니다.

플랫폼 위에 우뚝 서다

일본 사회에는 '사축社畜 인간'이라는 신조어가 있습니다. 사축은 회사와 가축을 합친 말로, 자의와 무관하게 회사의 가축처럼 길들여져 일에 온몸을 갈아 넣는 직장인을 가리킵니다. 한국에서도 '회사 인간'의 삶을 돌아보는 것이 새로운 변화의 흐름입니다. 코로나 이후 '대퇴사'는 새로운 물결이 되었고, 퇴사자들은 '직장인에서 직업인으로'라는 구호를 외치며 각자의 정체성 재정립을 도모하였습니다. 대기업이라는 소속이, 회사원이라는 정체성이, 자기 삶의 종점이 아니라는 걸 자각한 것입니다. 회사를 나온 이들 개인들은 무슨 업으로, 어느 방향으로 삶의 가닥을 잡은 걸까요?

2021년에 발간한 제 책《그냥 하지 말라》에서 많은 분들이 공감한 문장은 다음과 같습니다.

'미래 인간의 업은 콘텐츠 크리에이터거나 플랫폼 프로바이더거나.'

K콘텐츠가 넷플릭스를 통해 전 세계적으로 히트하면서 가장 큰 수혜를 입은 사람은 누굴까요? 감독이나 출연진이 아닌 넷플릭스 창업자 리드 헤이스팅스라고 합니다.

전 세계 인기 콘텐츠들이 모이는 최상위 플랫폼 공급자였던 넷플릭스는 빠르게 오리지널 콘텐츠 제작자로서의 입지를 굳혔습니다. 그렇게 된 배경에는 한국 크리에이터들의 도움이 컸습니다. 리드 헤이스팅스가 '한국이 만들면 세계가 본다'라고 한 것은 빈말이 아닙니다.

넷플릭스는 투자사, 배급사, 극장, 수출, 수입, 현지 극장에 이르는 전통적 영화 산업의 가치 사슬을 모두 수렴해 하나의 플랫폼 안에 구축해 넣었습니다.

플랫폼 기업의 기세는 여전히 드높습니다. 국내 식품 대기업과 온라인 유통 플랫폼의 힘겨루기가 얼마나 치열한지만 보아도 플랫폼 기업의 달라진 위상을 확인할 수 있습니다. 특정 유통 플랫폼은 대기업과의 협상에서 전략적 우위를 차지하기 위해 중소기업 제품을 대안으로 선택하거나 자체 브랜드 상품을 출시하는 것으로 알려져 있습니다. 플랫폼의 힘에 기존의 역학이 흔들리는 풍경입니다.

이 역학의 변화는 단순히 생산과 유통 간 힘겨루기만으로 제한되지 않습니다. 콘텐츠나 매체 영역에서만 이야기했던 '알고리즘 로직(소비자들에게 보이는 노출 시스템)'이 결국 고유성을 추구하는 모든 분야에 적용될 수 있다는 이야기와 같습니다. 기술이 되었든 브랜드가 되었든 규모를 갖춘 플랫폼들은 개별 참여자들이 들어와 시너지를 낼 수 있도록 서비스를 제공합니다. 화장품 마니아라면 대기업이 아니어도 이전보다 훨씬 적은 투자로 신규 화장품 브랜드를 출시할 수 있습니다. 생산과 유통을 맡아주는 거대 플랫폼 기업이 있기 때문입니다. 현재 한국의 화장품 브랜드 수가 1만 개가 넘는 것도 생산은 OEM이나 ODM 기업에서 하고, 판매는 유통 플랫폼 기업에서 하는 덕분입니다. 이러한 변화 덕에 누구나 대기업과 같은 시장에서 경쟁하는 동등한 생산자가 될 수 있는 시대가 온 것입니다.

플랫폼과 크리에이터의 시대

개인이 콘텐츠 크리에이터로서 자신의 미래를 그려보는 시점에, 조직에서는 어떤 일이 벌어지고, 어떤 새로운 역학을 만들어가고 있는지 살펴보아야 합니다. 현재 조직은 세상의 변화를 바라보는 리더의 민감도에 따라 매우 다른 양상을 보이고 있습니다. 하지만 리더가 변화를 민감하게 받아들이더라도 중간 관리자가 그것을 수용하는 데는 또 다른 심리적 장벽이 존재합니다. 조직의 위계 서열에 적응해 온 인간은 자신의 존재 가치 증명을 위해서라도 본능적으로 일을 복잡하게 만드는 법입니다.

넷플릭스 출신인 도반 L에게서 흥미로운 이야기를 들었습니다. L이 본 넷플릭스는 일이 늘어나는 걸 막기 위해 매니저들이 존재하는 것 같았다고 합니다. 어떤 일을 할 때마다 끊임없이 '이게 진짜 필요한 일이야? 이게 정말 해야 되는 일이야?'를 까다롭게 물어본다는 것입니다. 규모가 큰 조직일수록 반드시 해야 하는 일과 그렇지 않은 일을 판단하기가 매우 어렵습니다. 시스템 자체가 관료화되어 있으면 의도적으로 또는 본의 아니게 본질에서 벗어난 프로세스에 시간과 인력이 투입되는 경우도 허다합니다. 이렇듯 전 세계적 가치 사슬을 고려해야 하는 글로벌 혁신 기업은 구성원과 조직들의 내부 역학에 대해 끊임없이 고민해 온 것입니다.

이 지점에서 '매니징'의 전문성에 대한 논의가 중요해집니다. 낭비 없는 촘촘한 조직일수록 구성원들이 일을 시작할 때와 진행할 때 '필터링'과 '피드백'을 매우 정교하게 합니다. 필터링은 모든 업무를 현상 그대로 수용하여 관성으로 수행하는 것이 아니라, 체로 거르듯 불필요한 업무를 줄이는 과정입니다. 피드백은 변화가 발생하게 된 동인들을 함께 돌아본 후에 새로운 방안을 수립해 보는 것입니다. '필터링'과 '피드백'이 중요해지는 이유는 변화하는 환경에서 세상의 복잡성을 빠르게 이해하고 일의 전체 맥락을 모두 검토해야만 일의 혁신에 도달할 수 있기 때문입니다. 하지만 통상 우리의 시야는 좁고 단기적인 목표에 머물기 쉽습니다.

그럴 때 바깥에서 객관적으로 바라보고 질문해서 핵심을 추출해내는 리더가 필요합니다. '이 현상에서 중요한 건 무엇입니까? 그 현상의 의미는 무엇입니까? 그래서 당장 해야 하는 일은 무엇입니까?' 최상위 책임자에게도, 말단 담당자에게도 핵심을 추출하고 시선을 재조정해주는 고도의 '필터링 지능'이 필요합니다. 그리고 그 역할이 바로 지금 시점에서 요구되는 새로운 리더의 역할입니다.

'필터링 지능'의 탑재와 함께 관계도 재정립되어야 합니다. 이 책의 다른 부분에서도 여러 차례 언급하고 있듯이 기업과 구성원의 장기협약 관계는 더 이상 유효하지 않습니다. 지금 기업은 일종의 '플랫폼 프로바이더'로, 구성원은 '콘텐츠 크리에이터'로 모습을 바꾸는 과정에 있습니다. 팀장도 구성원도 프로젝트 단위로 유닛을 결성할 수 있을 만큼 관계 층위의 유연성도 커지는 추세입니다. 그렇게 되면 기존의 가치관인 '인재 육성'은 큰 의미를 가지기 어렵습니다.

"부장님께 혼나요?"

한편 여전히 많은 영역에서 서로의 역할에 대한 기대치가 교차하고, 서로의 책무에 대한 오해가 뒤섞입니다. 부모가 아닌 선생님에게 가정에서 할 인성 교육을 부탁하고, 선생님이 아닌 직장 내 상급자에게 생활 지도를 요구합니다.

부모와 상급자에게 종속되어 심리적 자립을 이루지 못한 성인들은 '부장님께 혼나요'를 중얼거립니다. 스스로의 규범과 가치 기준을 정립하지 못하고 타인의 정성적 평가를 기준으로 생각하고 행동한다는 것입니다. '부장님께 혼나요'

의 출발은 '선생님께 혼나요'였고, '선생님께 혼나요'의 출발은 '엄마한테 혼나요'였습니다. 자율성의 기반이 없는 개인은 매우 위험합니다. 의존적인 사람은 나와 상대의 관계가 항구적일 것이라고 착각합니다. 그렇기에 기업에서는 종종 학교처럼 내부 구성원 재교육을 시도합니다. 하지만 과연 자율성이 없는 개인에게 효과가 있을까요?

권위 빅뱅으로 탄생한 핵개인은 자기 삶의 결정권을 가진 성인입니다. 당사자, 양육자, 인사권자 모두에게는 낯설게 들릴 수 있지만 과거에 기관이나 조직만 제공할 수 있었던 교육과 훈련을 온전히 스스로 해낼 수 있는 시대가 되었습니다. 자체 역량 강화가 가능한 시대에 스승은 유튜브이고, 그것을 돕는 조교는 AI입니다. 기업은 앞으로 더 노골적으로 '가능성 있는 신입'이 아닌 '처음부터 완성된 숙련자'를 모시게 될 것입니다. 신입사원이라는 용어 자체가 사라질 날도 머지않았습니다.

기업의 다음 고민은 완성된 숙련자로서의 새로운 개인들, 그들의 연합체로서의 조직에 어떻게 새로운 형태의 소속감과 공통의 정체성을 부여하는지가 될 것입니다.

개인의 유동성, 조직의 역동성

"지금 다니는 회사에서 몇 년간 일하셨나요?"

근속 연한은 근로자와 조직의 관계, 나아가 그 사회의 유동성을 보여주는 확실한 데이터입니다. 미국의 소프트웨어 업종 근속 연한을 보면 평균 2년 정도이며, 이는 전체 업종 평균인 4.2년보다 낮은 수치입니다. 우버는 1.6년, 넷플릭스는 3년 정도입니다. 핵개인들은 이 3년이라는 기간도 상당히 길다고 느끼는 것에 주목해야 합니다.[18]

일반 근로자 기준을 보면 OECD 평균 근속 연한이 9.5년인 데에 비해 한국은 5.6년입니다.[19] 미국이 4.1년[20], 일본은 11.9년이라고[21] 합니다. 일본 근로자의 평균 근속 연한이 미국의 3배인 셈입니다. 오래 다닌다는 것은 '옮기지 않겠다'라는 것뿐 아니라 '옮길 수 없다'라는 것과도 연결될 수 있습니다.

구성원이 다른 곳으로 이직할 수 있다면 더 나은 처우를 제공하겠지만, 그럴 수 없다고 판단한다면 회사는 급여를 올리지 않습니다. 거꾸로 개인의 이직 유동성이 커지면 조직은 더 존중하고 더 배려하고 처우 개선을 고민하게 됩니다. 구성원이 늘 잠재적으로 다른 곳에 갈 수 있기 때문입니다.

결국 개인의 유동성과 조직의 역동성은 같은 이야기입니다. 역동성이 커지면 권위가 액상화됩니다. 몸값에 거품처럼 끼어 있던 충성도도 빠집니다. 실제로 최근에 혁신을 주도하는 기업의 조직도에 변화가 보입니다. 전업 관리자가 사라지고 있습니다. 전통적인 관료제 모델은 현업에서 업무를 배우며 생기는 오류나 미숙함을 경험 있는 관리자가 교정해주는 방식이었습니다. 그런데 지금은 처음부터 전문성을 가진 사람들이 조직에 들어옵니다. 기업들도 '공개 채용'이 아닌 '인재 영입'으로 구성원을 찾는 형식을 바꾸고 있습니다. 영미권에서는 이미 영입 업무를 담당하는 팀의 명칭이 '탤런트 애퀴지션talent acquisition(인재 확보)'으로 변모하고 있었습니다. 언어가 바뀌는 것은 실제로 문화와 규칙이 바뀌고 있다는 것입니다. 그렇다면 영입 이후의 교육과 양성에 관한 일을 하던 인재 육성팀이나 인재 개발팀도 역할과 명칭을 고민하기 시작해야 합니다. 처음부터 영입한 구성원이 인재라면 육성과 개발은 의미를 갖지 못할 수도 있습니다.

직원이 아니라 구성원

채용이 아니라 영입

'인재는 영입하는 것이지 육성하는 것이 아니다.'

이런 흐름에 따라 리더의 역할 변화도 분명해집니다. 이제 작업 프로세스에 참여하지 않고 작업 분배와 공정 점검, 결과의 취합만 맡는 전업 관리 모델은 구성원들이 동의하지 않습니다. 작업 공정이 시스템에 의해 실시간으로 투명하게 보일수록 '무임승차자'와 '군림하는 사람'은 더욱 설 자리를 잃게 됩니다. 그러니 리더에게는 더 깊은 통찰력과 더 높은 전문가적 자세가 요구됩니다. 핵개인들이 함께 일하는 동료의 전문성을 알아보는 안목을 키울수록, 훈수만 두고 결과물만 취하려는 구성원이나 '20년 차 나이테'를 관록의 증거로 들이대는 관리자는 숨을 곳이 없습니다.

회사의 문화와 사규도 핵개인들의 성향을 반영해 계속 갱신되는 중입니다. 이제 리더와 구성원은 서로의 재능과 역할을 어떻게 조합하고 협력할지, 새로운 상호작용의 규칙을 정해야 합니다.

"내가 신입사원이던 시절에는 과장만 달면 아무 일도 안 했는데."

20년 차 부장님들의 하소연은 이제 어림없는 이야기입니다. 지금 시대는 경험이 아니라 지혜가 자산입니다. 같은 상황이 반복된다면 먼저 경험해 본 자가 유리할 수 있지만,

환경 변화가 빠르면 경험이 독이 되는 경우가 허다합니다. 생성형 AI로 빠르게 학습하며 새롭게 적응하는 구성원들은 '내가 해봐서 아는데'라는 상급자의 말을 소음으로 믿고 거릅니다. 이제는 각 개인의 축적된 경험보다 집합적으로 축적된 지혜와 어떻게 협력할 것인지가 중요해집니다. 그러니 '나는 20년 동안 나만의 경험을 쌓아왔다'라는 자신감을 내려놓아야 합니다. 지혜의 원료는 네트워크상에 있기에 딱딱한 권위의 액상화는 점점 더 가속화될 것입니다.

그렇다면 대중에게 울림을 주는 서사의 핵심은 목표가 아니라 의미입니다. '내가 이 회사에 20년을 다녔는데…', '1만 직원들과 함께 10조 매출을 냈는데' 같은 말에 감동적인 리액션을 해줄 인구 집단은 거의 남아 있지 않습니다. 청년들의 반응은 더욱 싸늘해서 '그래서 어쩌라고…'라는 표정입니다.

수치화된 업적만으로는 존경을 이끌어내지 못합니다. 그때그때 여건과 환경 변수는 모두 다르기 때문입니다. 구성원들이 기대하는 것은 당신만의 서사입니다. 당신이 그 일을 얼마나 사랑하는지, 그 기여가 얼마만큼 치열했는지. 그 맥락이 있다면 꽤 괜찮은 선배 직업인으로 마땅한 존경을 받을 것입니다. 그게 아니라면 '과거의 권세를 그리워하는 노회한 직장인'으로 보일 수밖에 없습니다.

보상은 지금 당장 주세요

　혁신 기업에서는 한 사람 한 사람이 다 소중합니다. 그한 사람이 '없으면 안 되는 사람'으로 조직이 구성되기 때문입니다. '적당한 사람을 뽑아서 교육시키겠다'가 아니라 '이미 재능 있는 사람을 모셔온다'가 기업의 변화된 입장입니다. 이 경우 보상은 '지금 바로' 이루어져야 합니다. 과거의기업 관리자들은 그렇게 생각하지 않았습니다. 구성원 육성에 투자한 바 있기 때문에 구성원의 성취에 지분을 갖고 있으므로 지금 당장 모든 보상을 할 필요가 없다고 보았던 것입니다. 그러나 이미 완성된 인재를 모셔온다면 지금의 시장가치로 연체 없이 보상을 지불해야 합니다.

　더욱이 그 한 사람 한 사람은 남의 회사 사정을 속속들이 알고 있습니다. 직장인들의 익명 커뮤니티 블라인드에서유사 업종 사람들이 조우했을 때 그들의 정보는 서로를 때리는 세속적인 채찍이 됩니다. 블라인드에서는 모든 것이 공개됩니다. 연말 상여는 얼마나 나왔는지, 코로나 때 재택근무나 지원은 어떻게 이루어졌는지 등 기업별로 촘촘하게 설문 목록이 채워집니다.

새로운 세대들이 보상에 대해서 정확한 설명을 요구하는 것은 '회사와의 협상에 유리한 고지에 서고 싶다'는 전략적 야심과 동시에 '조직에 계속 남아 있어야 할 납득할 만한 명분을 만들어달라'는 간절한 당부이기도 합니다. 규칙에 대한 명목화와 공표는 거부할 수 없는 압력입니다. 무엇보다 핵개인들은 자신의 현재 위치를 확인하고 싶어 합니다.

따지고 보면 우리가 이제껏 받은 교육 자체가 매우 양가적이었습니다. 우리는 성장기에 공식적으로 두 번의 사회화 교육을 받습니다. 첫 번째 학령기 시스템에서는 '만민이 평등하다'라고 배우지만, 두 번째 사회 적응기에서는 위계와 출신에 따른 촘촘한 계급의식을 주입 받습니다. 오랜 시간에 걸쳐 그 시스템을 만든 사람들이 평가 기준을 세우고 발탁의 권한을 가져왔습니다. 구조화된 권력하에서는 추월이 어렵고 그러한 이유로 선망은 더욱 계층화되어 왔습니다.

그래서 대기업이든 중소기업이든 역사가 길면 그 역사를 만든 예전 권위자들의 목소리가 잦아들기 전까지 혁신은 어렵다는 탄식도 있습니다. 그에 비하면 신생 조직은 적층된 서열이 없기에 비교적 쉽게 보상체계를 설계할 수 있습니다.

권위는 전역변수가 아닌 지역변수?

다양한 조직 문화와 보상 체계가 혼재합니다만 방향성만은 분명합니다. 첫째는 관리와 위계는 효력을 다했다는 것이고, 둘째는 피드백 공동체를 만들어 서로 도움을 주고받아야 한다는 것입니다.

가령 우리 회사 구매 시스템의 역사를 알고 있는 L부장님은 구매 시스템의 재설계 회의 시간에 그 분야의 권위를 가질 수 있습니다. 그 시간 외에는 스스로 권위의식에서 도망쳐야 합니다. 회사의 새로운 마케팅 방안에 대한 기획회의라면 L부장님보다 더 조예가 깊은 다른 구성원들이 권위자로 나설 것이기 때문입니다.

권위 해체가 어디까지 갈지는 아직 모르겠습니다. 다만 충성심이란 말은 '평생직장'처럼 다음 세대는 전혀 감조차 못 잡는 회귀 단어가 될 가능성이 높습니다. 핵개인들은 한 회사에서 일생을 보낸 사람들에게 '다른 선택지는 없었는지' 질문합니다. 종종 현재진행형이 아닌 과거 완료형 회고록의 삶을 사는 전직 임원들을 봅니다. 지나간 권위는 스스로 과감히 내려놓아야 출구가 열립니다.

'권위의 보존'은 인위적으로 설계하는 것이 아니라 공동체가 자연스럽게 인정하고 결정하는 것에 가깝습니다. 당연한 이야기지만 권위에 연연하지 않고 소탈하게 기여를 현행화할 때, 권위는 그 영향력의 유효기간을 갱신합니다. 새로운 개인들 또한 자유롭게 포트폴리오 기반의 독립적 커리어를 구축할 것인지, 조직의 안정성 속에서 소속감을 누리며 살 것인지, 아니면 하이브리드형 커리어를 설계할 것인지, 각각에 맞는 자기 탐색과 고민이 필요합니다. 이미 욕망과 경쟁의 판도라 상자 '블라인드'의 문이 활짝 열렸기 때문입니다.

캘빈 클라인 모델이 상위 1% 프로그래머

　한 가지 분야에서 이름을 알린 사람이 다른 분야에서도 뛰어난 능력을 보여주는 사례는 흔치 않습니다. 물론 우리 회사 동료가 구민 체육대회에서 배드민턴 복식 은메달을 따는 일은 종종 일어납니다. 그렇지만 체조 선수로 1968년 멕시코시티 올림픽에서 은메달과 동메달을, 1972년 뮌헨 올림픽에서 금메달 2개, 은메달 2개, 동메달 1개를 딴 카린 얀츠가 은퇴 이후 정형외과 의사로 명성을 떨친 것 같은 사례는 흔하지 않았습니다. 몰입과 축적에는 많은 시간이 필요할뿐더러, 동시에 두 가지 이상의 일을 할 수 있는 환경과 시스템이 척박했던 시절에는 더욱 그러했습니다.

　이제는 복수의 정체성을 갖고 다른 분야에서 동시에 활동하는 사람들을 어렵지 않게 볼 수 있습니다. 린제이 스콧은 캘빈클라인, 프라다, 루이비통 같은 세계적 브랜드의 무대에 선 프로 모델입니다. 어느 날 그가 인스타그램에서 파이썬, C++, 자바, MIPS, 오브젝티브-C를 이용해 프로그램을 코딩할 수 있다고 밝히자 해당 게시물에 그의 코딩 능력을 비웃는 악플들이 달렸습니다.

"누구나 코드를 쓸 수는 있지만 많은 사람들이 '잘' 쓰는 건 아니다. 언어야 배우기는 쉽지만 확장 가능하고, 읽을 수 있고, 유지할 수 있고, 효율적인 코드는 그렇지 않다"라는 의구심 섞인 댓글이 올라오자 린제이 스콧은 다시 다음과 같은 댓글을 달았습니다.

"나는 '스택 오버플로Stack Overflow'에서 2만 7,481포인트를 쌓았고, '레이 웬더리치Ray Wendelich'에서 iOS 튜토리얼 팀원으로 있지."

스택 오버플로는 코딩 엔지니어들이 질문과 답변을 올리는 커뮤니티 사이트이며, 레이 웬더리치는 프로그래밍 교육 사이트입니다. 스택 오버플로에서 상위 2% 개발자는 태권도에 비유하자면 검은띠를 넘어서는 유단자입니다. 바둑으로 따지면 프로기사라 볼 수 있습니다. 린제이 스콧의 포인트는 상위 1%에 해당합니다. 그는 이어서 다음과 같은 글을 덧붙였습니다.

"난 미국에서 841번째로 빠르게 성장하는 회사 '랠리바운드RallyBound'의 수석 iOS 소프트웨어 엔지니어이기도 해.

애머스트 칼리지에서 컴퓨터공학과 연기를 복수 전공해 학사학위를 받았고, 내가 사랑하는 모든 일을 할 수 있는 삶을 살고 있어."

이처럼 현재 특정 산업에서는 자신의 공력을 입증할 수 있는 다양한 플랫폼이 있습니다. 개발자들은 깃허브GitHub 프로필로 자신을 증명하고 오픈소스 프로젝트에 참여해서 기여의 결과가 공유되는 것으로 명예를 얻습니다.

플랫폼에서 쌓은 포트폴리오는 객관적입니다. 그리고 누구나 참여할 수 있기에 동네의 숨은 고수라도 전 세계적 플랫폼에서 실력을 인증할 수 있습니다. 이는 전 세계에서 통용되는 환금성 자산을 보유하는 것과 마찬가지입니다. 불안정한 국가의 화폐는 유사시에 환금이 어렵지만 기축 화폐는 그 가치가 보존되듯이, 글로벌 플랫폼을 통해 자신의 역량을 증명하는 일이 훨씬 더 유리해진 것입니다.

모든 일상이 포트폴리오, 글로벌 계급장만 남는다

객관적인 자신의 역량을 어떻게 측정할 수 있을까요? 만화 〈드래곤 볼〉에는 상대의 전투력을 측정할 수 있는 스카우터라는 기계가 등장합니다. 한쪽 눈에 쓰는 외눈 안경처럼 생긴 스카우터를 착용하면 싸움을 벌이기 전에 상대의 힘을 측정할 수 있습니다. 구글 학술검색 서비스가 나오면서 논문의 피인용지수가 실시간으로 투명하게 전 세계에 공개되기 시작했습니다. 이제 음악이나 영화 등 모든 저작물은 시스템에 의해 그 저작권 활용까지 추적되고 수용자 한 사람 한 사람에게 즉각적으로 평가됩니다. 전 지구적으로 자료의 수집과 이동이 투명해지면, 전 지구인이 서로 경쟁자입니다.

이전까지 생산 과정에 대한 기록은 해상도가 떨어졌습니다. 지금은 공동 창작의 프로세스를 지원하는 툴들이 보급되어서 협업이 구조화되고 있고 그 프로세스도 공유 가능하도록 이력이 기록되고 있습니다. 과거에 글로벌 협력을 시도했던 대항해시대의 탐험가들보다 더욱 복합적이고 세밀한 협력 경험이 요구됩니다. 이런 협력이 가능한 역동적인 조직은 미래가 밝지만 지역 비즈니스로만 무대를 제한하는 조직은 점점 존재감이 작아질 수밖에 없습니다.

과정의 해상도가 높아지면 개인의 삶도 영향을 크게 받습니다. 일상의 성장을 기록할 수 있고 각자의 기회와 성취 및 기여도를 측정할 수 있는 구조가 나오면, 모든 이들이 과정을 소홀히 할 수 없습니다. 현장의 동료들과 커뮤니티 참여자들에게 받은 평가로 권위가 주어지면서 새로운 상위 가치도 생기게 됩니다. '내가 해봐서 다 아는데'로 퉁치는 태도로 일관한다면 전 지구인의 업적과 자기 역량이 비교되며 초라해질 수밖에 없습니다.

결국 글로벌 계급장만 남습니다. 이전에 제가 출간한 책에서 '당신의 모든 것이 메시지'라고 했던 것처럼 '당신의 모든 일상이 포트폴리오'가 되는 시대가 당도했습니다. 앞에서 말한 오픈소스의 성지 깃허브가 개발자들의 공개 이력서가 되는 것과 같습니다. 전 세계적인 평가 시스템과 협업 툴에 각자의 코드가 있고 사람들이 붙인 평점이 나와 있으니, 그곳에서 상위에 위치하면 세계적인 개발자라는 것이 명료하게 증명됩니다. 지금 시대를 사는 핵개인들의 활동 반경은 전 세계로 넓어졌고 그 이력은 온라인 이력서인 링크드인 LinkedIn에 남길 수 있습니다. 일상적 업무, 작업 레벨, 타임스탬프까지 축적되면 그 역량의 밀도까지 드러날 것입니다.

요즘 스타트업 분야에서는 본명보다 닉네임이 더 중요하다고 합니다. 개발자 커뮤니티에서 유명한 닉네임으로 활동 중인 개발자가 다니는 회사로 인력이 몰려들기 때문입니다. 예전에는 회사의 타이틀과 처우가 선택의 주요 조건이었다면, 이제는 존경받는 개발자가 다니고 있다는 이유로 이직을 고민하는 사람들이 늘고 있다는 것입니다. 이렇듯 조직보다 개인의 이름값이 더 커지는 상황은 마치 글로벌 스타가 소속된 작은 연예기획사에 신진 유망 배우들이 지원하는 일과 같습니다. 소속된 구성원 한 사람 한 사람의 명성이 조직보다 더 객관적으로 사람들의 마음을 얻는 세상이 다가오고 있습니다.

해외의 특정 커뮤니티에서는 프로게이머 '페이커'의 이름이 대한민국보다 더 유명하다는 농담이 회자됩니다. 우리는 지금 국적지의 여권 이름보다 협업 도메인에서 불리는 닉네임이 더 큰 명성을 갖는, 그런 시대를 살아갑니다.

두 가지 언어를 정교하게 쓰는 능력

과거에는 길거리를 지나가다 외국인이 다가오면 혹 말이라도 걸어올까 잰걸음으로 도망쳤습니다. 이제 한국인들도 영어를 꽤 잘합니다. 중·고등학교 6년에 대학까지 치면 10년간 영어를 공부했기에 AI 선생님에게 꾸준히 배우면 회화의 불씨를 되살리는 것이 그리 어려운 일은 아닙니다. 앞으로 AI와 쾌적하게 소통하기 위해서는 영어와 모국어, 두 가지 언어를 정교하게 구사하는 언어 능력이 무엇보다 중요해질 것입니다.

왜 그렇게 언어를 강조할까요? 지식의 도구이자 장벽이 바로 언어이기 때문입니다. 그리고 지금 우리는 언어의 장벽을 넘어가고 있는 중입니다. 어려운 전문 용어로 장벽을 세운 업종의 경우 장벽이 무너지면 그 산업과 전문가의 권위도 함께 무너집니다.

법률 언어를 예로 들어본다면, 얼마 전 원한 관계에 있는 사람이 제3자를 시켜 살인을 저지른 사건이 신문 사회면을 달궜습니다. 마침 TV에서 여러 패널들을 모아 놓고 '이 사건이 청부 살인이 맞나' 갑론을박이 한창일 때 패널 중에 변호사가 논쟁을 끊고 언어를 교정했습니다.

"법률적으로 이것은 청부 살인이 아니라 살인 교사라고 합니다."

같은 사건을 이야기하고 있지만 법률에서는 표현이 다릅니다. 그는 정확한 법률 용어로 번역하는 것으로 자신의 직업 전문성을 보여준 것입니다.

'청부 살인'은 '살인 교사'로 번역될 때에만 법률행위의 출발점이 됩니다. 이렇게 변호사 수임료 중 상당 부분이 일상의 사건을 법률 용어로 번역하는 비용입니다. 그런데 AI가

그 번역 행위를 대신해 준다면 변호사는 그만큼의 부가가치를 유지하기 어려울 수 있습니다. 이러한 현상은 법률 분야에만 국한된 것은 아닙니다. 경제 잡지 〈포브스〉는 AI에 의해 가장 큰 영향을 받는 직종으로 법률 서비스와 금융산업, 그리고 미디어 및 마케팅 산업을 꼽았습니다.[22] 특정 산업의 통역가들은 발등에 불이 떨어진 격입니다.

과거에 의사들이 휘갈겨 쓴 처방전은 이해하기도 어려웠다고 전해집니다. 그가 생성한 정보와 기록 속에 그의 권위가 전이되었습니다. 전자의무기록EMR(Electronic Medical Record) 시스템을 통해 전문성과 권위가 작동하는 방식은 변화하고 있습니다. 그리고 진단과 처방에 대해서도 진단 기술의 발전과 AI 협업 시스템의 도입으로 상당한 분야가 자동화될 수 있습니다.

번역이 비단 전문가와 비전문가, 체계가 다른 이종 언어 사이에서만 일어나고 있을까요? 지금 번역은 모든 영역에서 총체적으로 일어나고 있습니다. AI가 일으킨 번역의 후폭풍은 더 거세질 것입니다. 동일한 역량을 지닌 전문가들 중에서도 일상 업무와 전문 지식을 체계화하고 축적해 AI 시스템과 협업할 수 있는 이들이 더 많은 기회를 얻을 것입니다.

좁은 문, '하이엔드'에 길이 있다

조직에서도 이쪽과 저쪽을 부드럽게 연결하는 사람, 복잡하고 어려운 말을 쉽고 간결하게 해주는 '통역자'가 뜰 것입니다. 이 모든 것들이 최적화를 향한 추세와 부합합니다. 그동안 무시했던 구성원 개개인의 선호를 모두 맞춰주겠다는 것입니다. 이제 수직적 관리자를 뜻했던 '매니저'의 자리는 점점 사라지고, 수평적 조력자를 뜻하는 '퍼실리테이터facilitator'의 역할이 부상할 것입니다.

IBM은 AI의 확산 이후 5년간 AI와 자동화가 7,800개의 일자리를 대체할 것이며, 3,900명의 직원을 줄이겠다고 선언했습니다.[23] AI로 인한 실업 논의는 2014년부터 나왔지만 본격적인 해고가 현실화된 것은 그리 오래된 일이 아닙니다. 은행원도 꾸준히 줄고 있습니다. 새로 충원하는 인력은 상경계열이 아니라 컴퓨터공학 분야입니다.

생산 라인에 로봇을 투입할수록 기업은 소비자 기호에 맞춘 다품종 소량 생산을 실현할 수 있습니다. 예전엔 몇십만 개 주문이 최소 요건이었지만 지금은 로봇 기술 덕분에 어렵지 않게 훨씬 적은 숫자의 맞춤 생산이 가능하게 되었습니다. 다양한 소비자 취향에 맞춰 시장도 세심해지고 있는 것입니다. 이제 무대는 '글로벌'입니다. 국가 단위에서는 작은 마켓일지라도 세계를 상대로 하면 작지 않은 규모가 기대되기 때문입니다.

어느새 한국 기업들의 고민은 점점 깊어졌습니다. 인건비가 상승하고 소비자의 취향이 고급화되는 추세 속에서 과연 무엇을 얼마나 생산하고 공급해야 하느냐? 시장의 규모와 범위를 어디까지로 상정해야 하느냐? 답은 간단합니다.

'소량을 만들고 단가를 높이고 세계로 가야 한다.'

GDP 상승에 비례해 높아진 인건비 때문에 자동화하지 않는다면 생산 원가는 자연스럽게 올라갈 수밖에 없습니다. 인건비가 더 낮은 국가들이 있기에 '단가 경쟁'에 함부로 뛰어들 수는 없습니다. 고가품을 만들면 시장이 좁아질 수 있습니다. 그렇기에 처음부터 더 넓은 시장, '글로벌'을 상정해야 합니다.

예전 상식으로 보면 좋은 품질의 낮은 가격이 최고의 경쟁력이었습니다. 하지만 지금은 아닙니다. 생존의 기본 욕구가 채워지면 저렴한 것을 사기보다 선망을 채워주는 물건을 삽니다.

그 욕구를 채워주는 것이 바로 브랜드입니다. 역사가 있거나, 철학이 깊거나, 개성이 강하거나, 이야기가 흥미로워야 합니다. 하루빨리 이런 브랜드 자산을 만드는 노력에 박차를 가하지 않으면 수출 시장은 점점 힘들어질 것입니다. 이미 중국 시장에서는 충분한 브랜드 자산 없이 단가와 품질만으로 경쟁하는 한국 기업들의 상황이 어려워지고 있습니다.

통상 제조업에서 일하는 사람들은 제품이 많이 팔리면 마진율을 높이는 것이 아니라 공급량을 늘리려 합니다. 시장 경쟁으로 인해 마진에 한계가 있기 때문에 이들은 양적 팽창으로 규모를 늘려야만 성장이 유지된다고 생각합니다. 하이엔드 시장은 일반 시장과 전혀 다른 규칙으로 움직입니다.

유럽의 럭셔리 브랜드는 마진의 한계를 생각하지 않습니다. 샤넬은 매년 가격을 올리고, 올릴수록 더 잘 팔립니다. 그들이 파는 것은 선망입니다. 똑같은 산업에서 값이 갈수록 오르는 물건과 가격이 계속 떨어지는 물건이 있다면 여러분은 어떤 물건을 사고 싶습니까?

하이엔드는 개별성과 고유성이 교차되는 장소입니다. 그러니 기업도 개인도 여기서 돌파구를 찾아보아야 합니다. 소량을 만들고, 단가는 높이고, 세계로 가는 것이 옳습니다.

투명 사회의 생존법

직장 인증 기반 익명 소통 커뮤니티인 블라인드에 기업별 추석 선물 리스트가 떴습니다. 명절이 다가오면 농협 상품권이든 한우 갈비 세트든 회사에서 주는 선물의 가격과 품목이 모두 공개됩니다. 해당 리스트에 따르면 판교의 주요 IT 회사들은 20만 원대로 비슷했습니다. 공개되는 것은 추석 선물뿐이 아닙니다. 회사별 연차에 따른 연봉, 성과급 레벨도 모두 커뮤니티의 자발적 설문을 통해 수집되어 상세하게 공개됩니다. 연봉 공개 금지가 엄중한 규칙이던 시절에도 그룹사 직원들은 계열사에 흩어진 동기끼리 만나면 숫자를 비교하며 한탄과 위로를 나눴습니다. 그때와 달라진 것은 우리 회사뿐 아니라 다른 산업 분야와도 치열하게 비교가 이뤄진다는 것입니다.

비교에는 갈등이 따릅니다. 사실 각자의 선택은 나름의 가치 기준을 담고 있습니다. 사회에 기여가 큰 직무는 그만

큰 보람이 있지만 금전적 처우 역시 그에 비례하게 따라오는 것은 아닙니다. 일의 강도가 너무 강한 경우 삶의 균형을 유지하기 어렵지만 받는 존경의 크기가 커서 만족감이 높을 수도 있습니다.

이처럼 각자의 업의 선택은 가치관에 따른 열망의 결과임에도 인간인지라 수평 비교의 오류를 피할 수 없습니다. 강아지와 고양이를 비교하는 우를 범하는 것입니다. 정성적 지표는 제거하고 금전적 보상만 비교해서 각자의 업에 대한 긍지와 자부심에 상처를 입는 일도 벌어지곤 합니다. 그야말로 '그 정도밖에 못 받고 있었어?'라고 알게 되면 그동안 만족했던 삶이 불만과 의심으로 변하는 것은 순식간입니다. 환경의 다름은 평등의 범주가 아님에도 인간의 심리는 격동합니다.

지금껏 알지 못했던 새로운 가치체계가 새롭게 들어오는 것입니다. 다른 업종, 다른 회사를 보게 되니 내가 살고 있었던 세계가 너무 초라해 보이기도 합니다. 일에 대한 나의 기여와 그에 대한 회사의 보상을 서로 빤히 들여다보는 세상, 그 또한 굳이 알지 않아도 되는 과잉 정보를 접하는 세상입니다.

공무원 vs 대기업, 투명 사회의 엑셀 인생

숫자 앞에서 우리의 감정이 얼마나 민낯을 드러내는지 관찰할 수 있는 사건도 종종 보입니다. 몇 년 전 고등학생이 공무원을 준비하는 것이 회자될 때가 있었습니다. 고교 졸업 전부터 공무원 시험을 준비해서 만 18세에 9급으로 취업을 한 사람의 이야기가 온라인 커뮤니티에 올라왔습니다. 당시 스무 살에 시작해서 정년까지 다녔을 때의 급여표가 엑셀로 정리되어 공유되었습니다. 정년까지 40년 다니면 몇십억을 받으니 대기업 다니는 것보다 낫다는 친절한 댓글도 따라왔습니다.

이렇게 인생을 엑셀의 숫자와 표로 단순화하면 그 인생을 미리 살아버린 것과 같은 감상이 듭니다. 프리뷰를 보았기 때문에 본편은 더 이상 궁금하지도 않습니다. 그 이후부터는 결정된 삶을 살기 위해 그저 시간을 보내는 것이 목표가 됩니다. 군대에서 입대 후 전역까지의 남은 기간을 지워나가듯 드라마처럼 펼쳐지는 자신의 일상에 무감각해지기 쉽습니다. 이 경우 그 사람 입장에서는 사실 아무것도 안 하는 것이 이득입니다. 게임 속 퀘스트처럼 단계별 공략이 정해져 있는데 굳이 머리를 써가면서 새로운 도전을 할 이유가 없기 때문입니다.

그러다 보니 온라인 게시물에는 많은 댓글이 달립니다. 공직의 처우가 대기업에 비해 그리 좋은 것은 아니라는 반론, 대기업은 막상 정년까지 다니기 힘드니 평균 조기 퇴직을 기준으로 계산해야 합당하다는 의견, 차라리 인생 시간을 '오토 모드'로 돌리고 '무지성'으로 살아가는 것이 가장 효율적이라는 자조 섞인 글들도 이어졌습니다.

여기서 문제는 그 숫자의 정합성이 아닙니다. 인생의 모든 것이 표의 행과 열 속에서 비교 가능한 숫자로 환원될 수 있다는 시각이 문제입니다. 이런 논리대로라면 내 삶의 모든 것이 전부 금전적 대가를 위한 자원으로 소진되는 느낌을 받습니다. 뿐만 아니라 급여는 대기업과 비교하고, 근무 요건은 공무원과 비교하며, 수많은 기준으로 나의 우위와 열위를 확인하면 불행감은 더욱 극대화됩니다.

'투명한 블라인드 세상'에 공개된 '표 속의 숫자들'이 일하는 마음에 이토록 흠집을 낸다면, 다른 관점도 열어봐야 합니다. 연봉, 근무 시간, 연차 일수 등 숫자로 표시되는 비교 조건 외에 무엇이 우리의 마음을 움직일까요? 드라마 〈미스터 션샤인〉을 보면 '고씨 가문'에서 일하는 구성원들은 하나같이 높은 자부심을 갖고 있습니다. '내가 이 집에서 일하고 있다'라는 자긍심입니다. 행랑아범과 유모인 함안댁 조차 자부심을 느끼는 것은 그들이 일하는 가문이 흉년에 곳간을 열어 구휼을 하는 남다른 사회적 기여로 마을 사람들의 존경을 받는 명문가이기 때문이었습니다.

비슷한 맥락으로 이전 세대 사람들은 산업화 시대에 기여한 자신의 소속 기업에 자부심을 갖고 있는 경우도 많았다고 합니다. 그 자부심에는 수출을 통해 국가의 경제 성장에 기여하고 국위를 선양했다는 뿌듯함과 일자리 창출을 통해 사회에 기여했다는 보람이 담겨 있습니다. 직장인에게 소속감과 명분은 사실 돈보다 더 근본적인 동기부여입니다. 자신의 일이 사회에 공헌하고 있다는 대의명분이 빈약하고, 그 안에서 자신이 성장한다는 서사가 희미할 때, 숫자의 무한 비교에 매달리게 되는 것입니다. 숫자에는 모든 것을 빨아들이는 엄청난 흡인력이 있기 때문입니다.

도망칠 곳이 없는 변화

한때 기업의 입사 동기는 둘도 없는 협력자이자 연대의 대상이었습니다. 이제는 동기와 후배에 대한 인식도, 선배에 대한 인식도, 그 역할과 역학이 계속 변하고 있습니다. 같은 세대 또는 연령대라고 하여도 각자의 배경에 따라 그 변화 속도에 차이가 있기도 합니다. 10여 년 전 해외 유학생을 대상으로 신입사원을 선발했을 당시 함께 입사한 국내 대학 졸업자의 경험담은 흥미로운 사례로 다가옵니다.

"국내 대학 졸업자들은 너무 힘들게 취업했기 때문에 일단 뽑아준 회사에 감사한 마음을 표현해요. 그런데 유학생들은 그 정서를 잘 이해 못 하더라고요. 뿐만 아니라 유학생들은 채용 과정에서 받은 인적성 시험지 문항에 매우 놀랐답니다. IQ 테스트 같은 문항들도 신기하지만, 심지어 어떤 문항은 '옆 부서 직원과 갈등이 생겼을 때의 해결법은?'이라는 질문에 객관식 답이 나열되어 있더라는 거죠.

1. 캔 커피를 들고 당사자에게 가서 조용히 이야기한다.

2. 내 상급자에게 의논한다.

3. 옆 부서 상급자에게 직접 보고한다.

사회적 위계에 대한 눈치에도 정답이 있는 것처럼 시험을 본다는 게 놀라웠대요."

그 기업의 피를 몸속에 주입하는 것 같다는 신입사원 연수원의 집단 교육. 거기서 묶인 동기생끼리 끌어주고 밀어주는 그룹이 형성되는 것도 한국 기업만의 독특한 현상으로 보입니다.

회사 선배를 바라보는 인식에서도 한국 사회만의 수직적 위계는 관찰됩니다. 가령 유학생 출신들은 자신이 애플을 다닌다고 해서 팀 쿡을 사장님이라고 부르거나 그의 위대함을 늘어놓는 일은 하지 않는다는 것입니다. 창업자, 리더, 입사 동기 등 이들의 모든 연결을 묶고 푸는 관계의 열쇠는 충성심이 아닌 자부심이어야 합니다. 회사의 사회적 가치에 대한 자부심, 또는 어떤 결과를 함께 도출해내고 있다는 구체적 협력자로서의 자부심, 그런 것들이 서로를 대하는 중요한 준거라는 것입니다.

사회가 투명해질수록 조직 내의 기여도와 보상이 모두 드러나고 공유됩니다. 물론 정성적 가치만으로 모든 경영자들이 기업을 이끌어갈 수 있다는 편의적 이야기는 아닙니다. 투명화는 수평적 문화와 원활한 소통의 전제 조건이므로 중요하지만, 그렇게 투명하게 공유되는 실질적 보상이 열악하다면 구성원들에게 동기가 부여될 수 없습니다.

현재 가장 문제가 되는 것은 대기업과 중소기업의 임금 격차입니다. 액수도 문제이지만 배수의 격차가 점점 더 커지는 것이 문제입니다. 격차가 너무 크면 갈등은 사회 문제로 확산됩니다. 100원 대 130원의 비교라면 감내할 수 있지만,

100원 대 500원의 비교라면 그때부터는 논의점이 좀 달라집니다. 분노, 허탈, 각성이 시작됩니다. 이제 각 기업이 각자의 사정만 이야기하며 세상의 변화를 외면할 수는 없는 사회가 도래했습니다. 모두가 고개를 들어 널리 보고 듣는 상황에서 '투명 사회'의 역동을 도외시하는 것은 위협으로부터 도망치기 위해 고개만 모래 속에 파묻는 타조와 같습니다. 각성된 참여자 앞에는 블라인드 바깥의 세상, 더 공정하고 더 치열한 '투명 사회'가 여러 층위로 다중 우주처럼 펼쳐집니다.

당신은 영입 대상입니까

임직원이 구성원으로, 채용이 영입으로 바뀌면 어떤 일이 일어날까요?

경제위기 시절 해고는 구조조정으로 명칭이 바뀌었습니다. 그렇다고 해서 물러나는 사람의 기분이 좋아지는 것은 아니지만, 적어도 조직을 떠나는 사람을 바라보는 사람의 마음은 조금 빚을 덜었다며 스스로를 위로했던 것입니다. 마찬가지로 퇴직은 명예퇴직으로, 다시 희망퇴직으로 이름이 바뀌었습니다. 그렇지만 본인이 희망하지 않았다면 단어가 지나치게 윤색된 느낌을 지울 수 없습니다.

채용을 영입이라 바꾼다 해도 상호 역학이나 체계가 변화하지 않으면 소용이 없는 이유도 마찬가지입니다. 한국의 연예기획사는 제작의 시스템화를 기반으로 엄청난 경쟁력으로 성장했습니다. 재능이 있는 사람을 10대에 이미 선발하여 연습생이라는 시스템으로 육성합니다. 사교육을 넘어서는 체계적인 육성 프로그램은 재능을 넘어선 능력을 장기간에 걸쳐 형성하도록 지원합니다. 예전 국가 주도의 엘리트 체육인 양성 프로그램이 그랬던 것처럼 이 시스템이 지속 가능할지 의문을 갖게 됩니다.

엘리트 중심의 육성은 오래 기울인 노력 대비 성공 확률이 높지 않을 수 있습니다. 육성 후 계약 기간이 투자금을 회수하는 데 충분할 만큼 보장되지 않습니다. 오히려 크게 성공한 이후 독자적 활동을 선택하는 경우도 왕왕 발생합니다. 개개인의 독립성과 자율성이 중시되는 사회로 변화하며 예전의 관리와 통제 시스템이 시대에 부합하지 않는다 느끼기도 합니다. 새로운 방안이 모색되고 있습니다만, 무엇보다 가장 큰 변화는 제작 시스템이 경량화되고 접근성이 좋아졌다는 것입니다.

뽑아주다 vs 모셔오다

한 12살 래퍼는 작사, 작곡, 편곡, 연주, 실연, 녹화, 편집, 배포가 모두 혼자서 가능합니다. 작곡, 연주, 녹음이 모두 컴퓨터상에서 이루어지는 개인 스튜디오가 일반화되고 있습니다. AI는 적절한 편곡과 믹싱 등 프로듀싱을 돕습니다. 사운드 클라우드로 직접 음원을 배포할 수 있고, 틱톡과 유튜브는 만들어진 연주 장면을 실시간으로 전송할 수 있습니다. 그래미상의 편곡 부분을 수상하기도 했던 원 맨 밴드인 제이콥 콜리어는 이 모든 일을 혼자서 해냅니다. 음악 산업의 지망생들은 플랫폼을 통해 본인의 포트폴리오를 알리고 관리하고 있습니다.

기획사는 이렇게 이미 완성된 사람, 특히 이미 대중적 접점에서 성과를 낸 사람을 발굴해 더 큰 규모의 프로젝트를 제안하는 것이 더욱 안전합니다. 문제는 이미 완성되어 팬을 보유한 사람이 왜 기획사와 함께 일을 해야 하는지 설득해야 하는 논리가 빈약할 수 있다는 것입니다.

마찬가지로 공중파 방송 프로그램에 게스트로 100만 구독자를 보유한 유튜버들의 출연이 빈번해지고 있습니다. 이전에는 매스 미디어가 알려지지 않은 신인을 발굴해 유명해지도록 도왔다면, 이제 매스 미디어는 다른 채널을 통해 이미 유명해진 사람들이 자신들의 기예를 펼칠 수 있는 또 하나의 플랫폼이 되어버린 것입니다.

그렇다면 개인이 영입 대상이 되기 위한 전략은 명료합니다. 세상에 접점을 만들고 사람들에게 인정받아 증거를 획득하는 것입니다. 모두 다 100만 유튜버나 1,000만 틱톡커가 되어야 한다는 이야기가 아닙니다. 깃허브 스코어와 롤 티어처럼 크든 작든 특정 도메인의 애호와 조예가 있는 동료들에게 꾸준한 성과를 인정받는 것이 중요합니다. 본인의 자산을 객관화할 수 있다면 더 이상 채용의 일방적 조건에 맞춰 조직에 자신을 설득할 필요가 없습니다.

그렇다면 이미 자산을 갖고 있는 사람은 어떤 조직에 들어가고 싶어 할까요? 큰 기회와 새로운 경험을 얻고, 이를 통해 자신이 보유한 자산이 더 큰 순증을 할 수 있도록 지렛대를 제공해 줄 수 있는 곳입니다. 무엇보다 조직에게는 '뽑아준다'라는 시혜의 자세가 아니라 '모셔온다'라는 겸허한 자세가 요구됩니다.

새로운 관계 정립은 '채용'이 아니라 '영입'입니다. 그렇기에 육성과 개발이 아닌 지원과 격려로 인사의 역할이 재정의될 것입니다.

제4장

효도의 종말, 나이듦의 미래

오래 가고 함께 가는 공존의 전제는

타자화를 멈추는 것입니다.

아버지를 고용한 딸, 가녀장의 시대

엄한 아버지와 자상한 어머니라는 가족상은 유교 문화 안에서 우리 사회의 오랜 기준점이 되어왔습니다. 하지만 변화한 시대에서 아버지의 권위는 어떻게 되고 있을까요? 작가 이슬아의 소설 《가녀장의 시대》는 이런 변화를 담고 있습니다. 현대사의 질곡에서 나름의 노력을 다해 생존해 왔지만 격변의 세월에서 대부분의 사람들이 그러하듯 사회 문화적 여유를 가지지 못한 부모가 있습니다. 그런데 그 딸이 자수성가해서 작가가 되고 출판사 사장이 됩니다. 통상 이러한 서사에서 경제적으로 성공한 딸과 부모의 관계는 어떻게 성립될까요?

공영방송의 아침 프로그램이라면 기특한 딸은 효녀라 불리며 부모에게 집과 차를 사 드리고 이따금 찾아가 함께 행복한 시간을 보내는 장면이 나옴 직합니다. 요즘 보기 드문 '엄마표 집밥'이 한정식집의 가장 비싼 메뉴처럼 식탁을 가득

채우고, 부모님 집을 나설 때는 명절을 보내고 올라가는 자식에게 싸주듯 음식이 주렁주렁 봉투에 담길 듯합니다.

연예 뉴스를 다루는 탐사보도 매체라면 부모가 자식에게 경제적으로 기대어 빚을 지고 자식은 견디다 못해 끝내 가족과 절연하는 내용을 다룰 법합니다. 소득이 많은 형제가 경제력이 부족한 다른 형제의 생계까지 도맡는 이야기도 심심치 않게 더해질 것입니다.

앞의 두 가지 모두 부모 봉양이라는 《심청전》의 서사를 기반으로 합니다. 심봉사가 어렵게 홀로 키운 심청은 목숨과 금전을 바꾸며 효도를 완성하고자 합니다. 전래 동화를 듣고 자란 우리 사회의 딸들은 부모의 어려움을 돌보는 책무를 등한시할 수 없다는 부담을 갖습니다. '첫딸은 살림 밑천'이라는 폭력적 표현이 난무하던 시기의 가치관에서 교육받은 딸들은 가족의 안녕을 자기 삶의 우선순위에서 첫 번째로 여기기도 합니다.

소설 《가녀장의 시대》는 이 역학을 부정합니다. 자신의 부모父母를 모부母父라고 부르고, 딸이 가장이 되고 출판사 사장이 되어 어머니와 아버지를 직원으로 고용해서 함께 생활하는 구도를 만듭니다. 출판사 건물의 가장 전망이 좋은 곳은 사장인 딸의 거주공간이 되고 가장 낮은 곳에 모부가 생활합니다.

살림에 더 많은 기여가 있는 어머니는 정규직 사원으로, 아버지는 비정규직 사원으로 근무합니다. 어머니의 업무에는 출판사 직원들을 위한 식사 준비가 포함되어 있습니다. 각자의 근무 성과에 따라 급여를 지급하고, 어머니와 아버지가 근무시간 중 딸을 부르는 호칭은 대표님입니다.

가부장의 시대는 방송인 김숙의 '가모장 선언'에서 종언을 고합니다. 남성이 생계를 위한 수입을 맡고 여성이 가정 내 경제 운용을 맡아 가족 단위의 협업을 하던 시기가 끝나가고 있음을 말한 것입니다. 어떤 이들은 이뿐 아니라 부모와 자식의 관계에서도 대등함을 선언하고자 합니다. 내리사랑과 효도의 되갚음에 의한 종속적 관계가 아닌 서로 존중하고 대등하게 인정하는 새로운 관계를 제시합니다.

이 땅의 딸들은 부양의 짐을 질 것인가

남성 위주의 경제 활동으로 분배가 이루어지던 사회에서 가장인 아버지의 권위는 생활비를 가져다주는 것에서 시작합니다. 그 당시의 혹독한 근무 환경과 열악한 사회경제적 상황에서 아버지의 생애사는 고단했으나 가정의 생계를 책임지고 있었기에 그 안에서 권위를 유지할 수 있었습니다. 지금은 어떠한가요? 아버지가 장수하고 딸의 사회 진출이 늘어나면서 과거 부녀관계의 역학이 바뀌는 시점이 도래했습니다. 기존의 권위와 되갚음 구조는 생각보다 빠르게 무너지고 있습니다.

많은 이들은 이상적인 남성상으로 친밀하고 참여적인 아버지의 역할을 언급합니다. 가사를 '돕는' 것이 아니라 '분담'하는 남편, 실천의 기울기는 아직 부족하지만 남성 육아휴직에 대한 고려를 도모하는 아버지에 대한 사회적 공감대도 커지고 있습니다.

소설 《가녀장의 시대》에서도 한국의 근대와 미래는 갈등과 타협을 반복합니다. 출판사의 직원이 반드시 어머니와 아버지일 필요는 없습니다. 어쩌면 더 경험 있고 전문적인 동료가 나을 수 있습니다. 만약 출판사가 더 큰 규모로 확장된다면 가족 경영처럼 보이는 구도에 새로운 직원이 합류하려 하지 않을 수도 있습니다. 그리고 채용의 공정성이 과연 확보되었는지, 근무의 보상 금액이 적정한지도 문제입니다. 그렇지만 그 소설을 읽는 독자들은 모두 안심하고 행복해합니다. 경제적으로 넉넉하지 않은 어머니와 아버지의 생계를 위해서라도 사장이 아닌 딸의 입장에서 금전을 지원할 수밖에 없음을 우리 모두 알고 있기 때문입니다.

이 소설의 백미는 그 관계성의 재정립입니다. 자립의 의지를 보이지 않는 사람에 대한 일방적 지원은 부양자의 삶을 힘들게 합니다. 계속된 지원을 받아도 그것을 당연시하는 부모는 자녀의 무력감을 양산합니다. 이 무력감에 대한 공포는 드라마 〈더 글로리〉 속 문동은의 어머니로 형상화되고, 이에 대한 사회적 반향은 부양의무를 저버린 부모는 상속을 받지 못하게 해야 한다는 '민법 제1004조 개정안(상속권 상실 제도)'으로 구체화됩니다.

상호부조의 미풍양속은 어려울 때 서로를 돌보는 소중한 생존법이었습니다. 하지만 경제 규모가 커지고 각자 자립하는 시스템으로 진화해야 할 단계에서도 여전히 사적 보조에 의해 각자의 미래를 돌보는 시스템은 또 다른 문제를 만듭니다. 온전히 자신의 삶을 살지 못하도록 묶는 '연좌의 빚'을 남깁니다.

미래는 스스로가 자기 삶을 결정하고 책임지는 방향으로 가고 있지만, 그 중간에서 자신이 쏟은 노력을 돌려받지 못하는 '미정산 세대'는 변화의 시기에 이중고를 겪습니다. 부모 세대는 아마도 그 부모를 돌보기 위해 자원을 다 소진

했을 것입니다. 다시 말해 되갚음 시스템에서 피라미드의 마지막 단계에 놓였을 가능성이 높습니다. 어른은 아이를 돌보고, 다시 아이는 자라 청년이 되어 어른을 돌보는 시스템을 우리는 효도라 불렀습니다. 가족이라는 '사회의 최소 구성요소'가 살아남기 위한 노력은 당연히 경제적 공동체로서 협력하는 것이었습니다. 사회의 보호와 지원이 부족한 시절에는 더욱 그러했습니다.

아동의 성장이나 노인의 생존에 필요한 절대적 자원은 그 부모와 자식의 몫이라는 것이 여전히 한국의 보편 정서입니다. 한국의 노인복지법은 생존의 1차 방어선으로 가족을 명시하고 있습니다. 이러한 정서 속에서 가족들은 자신의 삶뿐 아니라 위아래 세대를 지원하는 삼중고를 겪으며 자신의 노후를 대비해야 할 자원을 모두 당겨서 사용하게 되는 것입니다. 그 결과는 지금 한국 노인 세대의 빈곤율로 입증됩니다.

이런 이유로 부모 세대는 '아이들을 키우고, 노인을 모시며' 본인 자립을 위한 최소 자원은 확보하지 못한 상태에 처하게 되었습니다. 이 땅의 딸들은 이제 기존의 1차 방어선의 역할을 유지할 것인가 포기할 것인가의 기로에 섭니다.

대등함, 막역함, '새로운 가족'의 노사관계

소설 《가녀장의 시대》 속 주인공인 딸은 방어선의 유지는 하되 그 역학은 수평으로 맞추는 타협을 제시합니다. 가족의 관계와 온정은 포기할 수 없기에 부양의 책무는 끌고 나가되, 그 이유가 효도라는 의무에서 출발하는 것이 아님을 주장합니다. '가녀장'이라는 단어 역시 가족 시스템의 질서를 새롭게 정의하는 선언입니다.

'가녀장'은 자신의 현실 상황을 냉정히 파악하고도 경제적 부양의 의무를 다하겠다는 의지를 표현하는 조어입니다. 가정의 결속은 유지하고 부모에 대한 의리는 잊지 않으나 그 관계 맺음이 지나간 시대가 남겨준 속박만은 아님을 선언합니다.

소설 속 출판사의 조직도를 보면 기본적으로 대등함을 전제로 합니다. 부모의 직능을 합당한 가치로 반영하여 급여 지급에 대해 그것이 일방적 시혜가 아닌 가치 교환의 관계로 서로를 재정의한 것입니다. 부모는 자식의 짐이 되지 않으면서 건전하고 지속 가능한 계약 대상자로 재탄생합니다. 이는 현명한 타협입니다.

소설 속 주인공 이슬아는 미래에 자신의 딸에게 본인의

안위를 돌봐주길 부탁하지 않을 것 같습니다. 또는 아예 본인의 자손을 낳으려는 시도를 하지 않을 수도 있습니다. 그 모든 것 역시 온전히 그의 선택이 될 것입니다.

건전한 부모 자식 관계는 무리한 요구는 거절할 수 있음을 전제로 합니다. 무엇보다 거절당한 후 상처받지 않는 '상호 신뢰'와 '막역함' 또한 이러한 관계의 선행조건입니다. 새로운 삶의 시도를 자유롭게 누려볼 수 있을 정도로 가족의 신뢰를 얻고, 기후가 변화무쌍한 바깥의 삶을 누려볼 수 있었기에 이슬아는 부모에게 관계의 재정립을 제안할 수 있었으리라 짐작해 봅니다. '가녀장'의 탄생 설화는 그 부모의 '억압 없음'에서부터 시작된 것일 수 있습니다.

가장 일찍 일어나 집 안 청소를 도맡은 아버지는 그 '권위 없음'을 진정으로 실천한 인물입니다. 한 번도 '구체적으로 딸의 미래를 묻지 않는', 그 시대엔 매우 드문 어른인 것입니다. 소설 속 이들 모부와 딸의 커뮤니케이션은 막역하기 그지없습니다. 막역하다는 것은 평등함을 전제로 합니다.

"누구 만나러 가시는지 여쭤봐도 되나요(아버지)?"

"저도 처음 보는 사람이라 잘 몰라요(딸)."

《가녀장의 시대》 속 아버지와 딸의 대화 톤은 뒤바뀐 역학 속에서 발생하는 정중한 텐션과 유머가 공존합니다.

혹 거슬리는 부분이 있어도 슬기롭게 우회합니다. 이러한 특이한 노사관계, 사적인 관계와 사무적인 관계가 섞인 이 오묘한 관계의 중심에는 무엇이 있을까요? 뼛속까지 몸에 밴 존중입니다. '가족도 남처럼' 거리를 둘 줄 아는 매너입니다.

이연된 보상, 불공정한 거래

효도가 대를 이은 보상의 체계라면 그 보상의 적정선은 어느 정도 수준인가도 궁금합니다. 인생칠십고래희人生七十古來稀라는 말처럼 기대 수명이 70세가 안 되던 시기라면, 유아기부터 청소년기까지 20년 동안 받은 양육의 은혜를 부모의 60세 이후 갚아 나가는 것이 꽤 합리적인 기준으로 보입니다. 더욱이 부양의 어려움을 나눌 수 있는 형제자매가 두세 명 이상 존재했기에 1인당 모시는 기간은 20년이 채 되지 않았습니다.

그러나 지금은 어떠한가요? 1990년 이후 출생률이 1.x명대를 지나 이제 0.x명대로 향하고 있습니다. 반대로 장수의 축복은 기대 수명 100세 시대를 향하고 있습니다. 한 명의 자식이 두 분의 30년이 넘는 여명을 책임져야 한다면 60

20년 양육의 갚음이

60년의 돌봄이 된다면

'효도'란 불공정한 거래로

다가올 수밖에요.

년의 돌봄이 책무로 다가오는 셈입니다. 아버지와 어머니 양가 각각 할머니, 할아버지까지 생존하시면 한 명의 젊은이가 6명의 노인을 돌봐야 하는 일도 생깁니다. 20년 양육의 되갚음이 산술적으로는 누계 100년 이상의 돌봄으로 길어질 터이니 효도란 다음 세대에게는 불공정한 거래로 다가올 수밖에 없습니다.

한국 사회의 가장 큰 특징은 '이연된 보상'입니다. 부모의 은혜는 하늘과 같기에 다 갚을 수도 없다고들 합니다. 그러하기에 한참 후 부모의 삶이 쇠약해졌을 때 보은합니다. 스승의 은혜 역시 너무 크기에 카네이션을 다는 것만으로는 갚을 수 없다고 합니다. 선배의 은혜 역시 후배에게 베풂으로 갚아 나갑니다. 이처럼 이연된 보상은 지금의 상하관계가 지속적으로 구조화되길 희망하며 집단이 하나의 유기체처럼 흘러가도록 작동합니다. 연공서열과 기수 문화 모두 이런 이연된 보상의 산물이라 할 수 있습니다.

그러나 지금처럼 유동성이 커지는 시기가 오면 이 보상 체계에 반론을 제기하는 목소리가 커지기 마련입니다. 경력의 연한이 짧은 사람들이 더욱 적극적으로 시장 가치에 맞는 성과급과 급여 현실화를 요구하는 것은 이 시스템에 대한 그들의 의문을 반영합니다.

그러면 어떻게 될까요? 한쪽에서는 '오래 다니면 이익을 보니 당신도 수혜자다. 그러니 기다려라'라고 합니다. 그러나 다른 한쪽에서는 '좋은 이야기지만 난 곧 그만둘 것이다'라고 합니다. 현재의 환경과 역학이 항구적이라면 이 전제의 수혜는 믿을 만합니다. 그저 기다리기만 하면 되기 때문입니다. 그렇지만 저성장과 세계화, 지능화와 글로벌화의 무한 경쟁의 시기가 도래하면 그 어떤 약속도 유지되기 어렵습니다. 미래를 믿지 못하니 '즉각 보상'을 요구하는 것입니다. 부도 날지도 모를 어음 말고 현금을 달라는 메시지가 담겨 있습니다.

아버지의 해방일지

할아버지 밑에서 붓글씨를 쓰며 효도를 교육받고 자란 이슬아는 가부장제가 낳은 돌연변이 가녀장입니다. '커서 뭐가 될 거니?'라는 조부의 질문에 '저는 커서 사장님이 될래요'라던 소싯적 꿈을 이뤘습니다. 가부장의 사회를 벗어나 가녀장의 회사를 세우면서 말입니다. 보통 사람이 본인의 삶에서 이런 '혁신 가족'을 실천해 나간다는 것은 보통의 결기로는 어렵습니다. 소설은 그의 실생활을 바탕으로 쓰여졌기에 가녀장 선언이 한국 사회에 던지는 메시지는 강렬합니다.

소설 속 가족 출판사에서 비정규직인 아버지의 삶은 어떤 상징을 담고 있을까요? 이제까지 한국 사회에서 아버지가 가족 구성원과 삶의 일상을 공유할 기회는 상당히 제한적이었습니다. 아버지는 주 6일제, 40시간이 아닌 55시간을 넘게 근무하며 '가족 같은 회사'의 일원으로 살았습니다.

그 시절 아이의 교육에 참여할 시간도, 에너지도 없었기에 주요 결정은 어머니의 몫이었고 아버지들은 자녀의 교육 트랙 바깥에서 어정쩡한 방관자 위치에 서게 됩니다. 몇몇 열의에 찬 어머니들이 자신의 성취 에너지를 끌어모아 아이를 업고 뛰자, 교육 트랙에서는 경쟁이 점점 과열되기 시작한 것입니다.

과정에서의 효율만을 추구하면 자녀의 유명 대학 진학과 관계없는 모든 행위들이 등한시됩니다. 이것저것 경험하고 알콩달콩 추억을 쌓는 진정한 성장의 시간이 사라지는 것입니다. 자녀의 출세에만 올인하며 효율화된 가정은 그 과정에서 여러 문제를 발생시킵니다. 부모와 자녀가 함께 보낸 시간이 부족하면 자녀의 일상사 성장과 변화의 세밀한 내막을 알기 어렵습니다. 짐작만으로는 '라포rapport(친근감과 신뢰)'가 형성되지 않습니다. 애정은 있어도 함께 보낸 시간의 밀도가 받쳐주지 않기에 아버지의 말은 권위를 갖지 못합니다.

가녀장 체계 속 딸의 권위는 '부모에게 월급을 주는' 데에서 나오지만, 그 부모가 딸을 대표로 모시면서도 자존감을 유지할 수 있는 배경에는 함께 보낸 시간의 튼튼함이 있었습니다. 막역함의 바탕에는 시간의 밀도가 있습니다.

반면 현실 속의 보통 아버지들은 가정에서 부재했다가 은퇴 후 돌아오는 과정에서 엄청난 갈등을 겪고 있습니다. TV 프로그램이 이미 그 모습을 반영하고 있습니다. 산속에 혼자 들어가 살며 자족하는 아버지, 혼자 낚시를 떠난 아버지, 아니면 아예 싱글로 돌아온 아버지들만 모여서 함께 노는 프로그램도 있습니다.

그리고 이 모든 프로그램에서 아버지는 엄한 모습으로 그려지지 않습니다. 그만큼 지금의 한국 사회는 '권위적인 아버지상'을 원하지 않고 있다는 증거입니다. TV 예능도 문학작품도 '거품이 빠진 후의 아버지'를 그리고 있습니다.

정지아 작가는 소설 《아버지의 해방일지》에서 '빨치산 출신 아버지'를 시트콤의 주인공으로 만들어냅니다. 아버지의 친구로 민중 해방을 외치던 혁명가가 "난 노동이 싫어,

무서워"라고 고백하는 장면은 소설의 백미입니다.

《가녀장의 시대》나《아버지의 해방일지》를 보면 아버지를 권위적인 사람이어야 한다는 족쇄에서 해방시켜주는 존재가 딸이라는 점이 의미심장합니다. 어쩌면 우리는 지금 과거 시대 아버지들에 대한 기억과 싸우는 중일 수도 있습니다. 아버지의 부재 또는 아버지의 뒤틀린 권위를 바로잡는 것 말입니다.

나이 든 아버지들의 변화가 보입니다. 가족과 거의 대화하지 않다가 은퇴 후 말이 많아졌다는 분들이 많습니다. 사회적 역할이 해체된 후 자신의 관심 대상을 주변으로 돌린다는 해석도 있지만, 그보다 은퇴 후에야 진정한 아버지의 삶이 시작됐다는 해석에 더 희망을 걸어보고 싶습니다. 가족의 생계유지 책무를 졌던 고단한 부양자였던 아버지상은 저물고 있습니다. 자신의 행복을 찾는 것이 가족의 행복을 해치지 않는다고 믿으며 진짜 행복을 돌아보게 된 새 시대의 아버지들이 오고 있습니다.

엄마처럼 ○○하며 살고 싶지 않아

"공부를 잘하던 큰누나는 서울여상을 갔어요."

40여 년 전만 하더라도 공부 잘하는 맏딸들은 '상업 고등학교'에 갔습니다. 서울 지역 인문계 고등학교 입시의 커트라인이 200점 만점에 150점대에 머무를 때, 당시 명문이라 불리던 서울여상은 180점을 넘었다고 합니다. 공부를 그렇게 잘했는데도 대학 진학을 포기하고 여상을 간 이유는 간단했습니다. 큰누나가 빨리 돈을 벌어 동생들 학비를 대야 했기 때문입니다. 장녀는 나머지 동생들을 부양해서 집안을 돌아가게 만드는 엔진 역할이었습니다.

가정부, 버스 차장, 봉제공장에서 일하는 10대 여성들의 이야기에는 흔히 오빠나 남동생의 학비를 버는 큰딸의 서사가 겹쳐 보입니다. 1970~80년대 극장에 걸린 많은 영화들은 가족을 부양하기 위해 농촌에서 도시로 상경한 딸들의 이야기였습니다. 늘 그렇듯 사회는 가장 낮은 곳에서 떠받치지만, 그 낮은 곳에 있는 이들을 귀하게 여기지 않습니다.

해외를 돌아보아도 비슷한 서사 구조가 발견됩니다. 필리핀 역시 그와 같은 시스템을 유지했습니다. 싱가포르와 홍콩에 온 필리핀 가정부들은 힘들게 일한 돈을 대부분 본국의 집으로 부칩니다. 딸들이 해외 나가서 힘들게 번 돈으로 다른 가족 구성원이 생활하는 방식, 그것이 그 관계에서 하나의 약속처럼 작동하고 있는 것입니다. 가족 간의 사랑, 가족 간의 유대는 끈끈함보다 절박함으로 서로의 옷깃을 붙들고 있습니다.

그러니 저소득 국가의 어느 집이나 큰아들, 큰딸은 그 막중한 트랙에서 헤어나올 길이 없습니다. 노동은 딸에게, 교육은 아들에게 올인합니다. 큰딸이 일가를 일으키면 큰아들이 가계를 일으키는 방식입니다.

멀어져 가는 '큰누나' 서사

〈화이트 타이거〉라는 인도 영화에서는 이보다 더한 굴레를 적나라하게 담고 있습니다. 영화는 인도의 사회 하층민 청년 발람이 자신이 속한 계층을 넘어서려는 과정을 그려냅니다. 기존의 발리우드 스타일처럼 춤추고 노래하는 흥겨운 영화를 상상하면 안 됩니다. 빈부격차가 만연한 인도의 현실을 제대로 진지하게 그려냅니다. 20명에 가까운 발람의 대가족은 시골에서 과자를 만들며 찻집을 운영합니다.

발람 대가족의 보스는 할머니입니다. 할머니는 모든 돈을 관리하고 형제들에게 '가서 일하라'고 재촉합니다. 그리고 발람에게 이렇게 이야기합니다.

"네가 믿는 모든 신을 걸고 맹세해라. 할미한테 매달 버는 돈을 남김없이 다 보내겠다고. 손 꼬집고 맹세해라."

발람은 공부를 잘했지만 교육의 기회를 박탈당했고, 형도 학교를 그만두었습니다. 누구보다 총명했던 주인공 발람은 이런 불합리에 저항하고 떨쳐 일어나 도시로 가서 한 세대에 한 번 나오는 '화이트 타이거'가 되고자 했던 이야기입니다. 영화를 보면 '가족 안에서 개인의 운명은 무엇일까'라는 생각이 떠오릅니다. 이런 정서 속에서 가족이라는 구조를 지탱하는 부속품이 아니라 자유의지를 지닌 단독자로 사는 것. 그것은 어디서나 말처럼 쉽지 않은 듯합니다. 영화 속 발람은 그 구조에서 탈출했다고 그려지지만, 그것은 영화 속의 이야기일 뿐 현실의 삶은 녹록지 않습니다.

이제 한국은 핵가족을 넘어 더 작은 단위인 핵개인으로

분화하고 있습니다. 연일 미디어가 사상 초유의 0.x명대 출생률을 다루는 상황에서 '큰누나' 서사는 머나먼 호랑이 담배 피우던 시절의 이야기처럼 회자됩니다. 일단 형제자매 자체가 점점 사라지고 있습니다. 혼자 자라는 외동이 많으니 '첫째'라는 개념이 성립되지 않습니다. 큰누나 서사가 저물고 두 세대쯤 지나니 이런 상황이 된 것입니다.

그렇다면 그전에 공부 잘해서 여상에 간 '큰누나들'의 딸들은 어떻게 살고 있을까요? 고도 성장기 가족 부양의 도구가 되어 자신의 욕망이 생길 틈도 없이 인생을 갈아 넣었던 어머니를 본 딸들의 현재는 어떻게 되었을까요? 최소한 분명한 것은 그들은 어머니의 삶은 답습하지 않고자 다른 선택지를 모색하게 된다는 것입니다.

이제 개인이 스스로를 돌보는 사회로의 진화 속에서 과거의 상호부조의 시스템을 어떻게 새로운 방식으로 정립할 것인가, 그리고 지난 과거의 상호 빚짐의 대차를 어떻게 정산할 것인가 하는 수많은 문제가 우리를 기다리고 있습니다.

죄책감은 나의 몫? 주고받음의 아름다움

"좋은 데 와서 나만 좋은 거 먹으면, 마음 한켠에서 죄책감이 들어."

대한민국의 딸들은 자식에게도 부모에게도 늘 죄책감을 느낍니다. 인구 집단의 생로병사에 수반되는 '보살핌 노동'을 국가가 안고 가지 않는 이상 부양의 책임을 진 이들은 매번 한계에 직면합니다. 그리고 그 절대적 시간 부족을 그 옛날 '큰누나 서사'를 살아온 그의 어머니인 할머니의 부조로 해결하려 합니다. 한 세대가 지나도 헌신이 마무리되지 않으니 할머니들은 아직도 희생 서사를 살고 있는 셈입니다. 그렇게 늙으신 어머니의 노동에 기대 자기 삶을 시도 중인 딸들의 마음 또한 늘 편치 않습니다. 어쩌다 회식으로 '오마카세'를 먹을 때, 비싼 소고기를 구울 때, 출장지에서 근사한 풍경을 감상할 때면 불현듯 죄책감이 몰려온다고들 합니다.

"내가 이렇게 맛난 것을 혼자 먹어도 되나? 우리 엄마는 평생 이런 음식은 본 적도 없을 텐데…"

현실로 돌아와 그 마음의 빚을 갚고 싶지만 죄책감을 털어내는 것도 쉽지 않습니다.

"에어컨을 설치해드려도 폭염에도 혼자 계실 때에는 절대 켜지 않고, 외식을 하자고 해도 재료 사다가 집에서 해 먹자고 하세요."

같은 시대를 살고 있는 것 같아도 계속 과거의 불합리했던 흔적을 지우지 못하는 어머니가 못마땅하지만, 그 어머니의 참을성에 자신의 자녀까지 의존하고 있다는 것도 부정할 수 없습니다. 미안함이라는 감정을 들여다보면 그 밑바닥엔 나 역시 오래된 시스템의 방조자라는 생각이 자리하고 있습니다.

민폐와 염치의 밸런스

어머니의 삶은 왜 대를 이은 돌봄으로 향하고 있는 것일까요? 스마트오피스와 재택근무가 늘어나고 있어도 일하는 딸에게 집중 근무 시간과 내·외부 고객과의 접점을 유지해야 하는 책무는 엄중합니다. 육아 또한 전담자가 필요한 막중한 책무입니다. 설사 운 좋게 아이를 사랑으로 돌봐줄 좋은 도우미를 찾는다 해도 치솟는 주거와 생활 비용이 만만치 않아 그 대가를 시장 기준으로 지급하고 나면 한 달 벌어 한 달 살기 빠듯합니다. 결국 가장 안전하고 신뢰할 수 있는 친정어머니가 시장가격보다 낮은 처우로 투입되는 것입니다.

아이를 키우다 보면 옳고 그름이 아닌 관점의 차이로 논쟁이 끊이지 않습니다. 쫓아다니며 밥을 먹이는 것도 열이 나면 해열제를 언제 먹이느냐도 기준이 다르니 서로의 행동이 때로 마땅치 않습니다. 고맙지만 불만이 잦은 관계에는 정산되지 않은 채무처럼 섭섭함과 미안함이 몰려옵니다. 헌신의 대가로 자식에게 관심받고 싶어 하는 부모의 마음과 미안한 짐을 벗고 싶은 자식의 마음은 이상한 커뮤니케이션을 만들어냅니다.

"다리가 아프면 택시를 타세요. 택시비 드릴게요."

"나는 괜찮다. 그런데 침을 맞아도 통 다리가 낫지 않네. 그래도 내 걱정은 하지 마라."

부모들은 어느새 수동공격의 달인이 됩니다. 간접적인 화법으로 불편함을 표현하는 것입니다. 죄책감을 덜고 싶은 자식과 그 죄책감에 기대서라도 자식과 끈끈하게 이어지고 싶은 부모의 모습입니다. 설령 부모가 자식과의 관계를 독립

된 성인으로 정돈해도 간섭 좋아하는 일가친지들이 가만두지 않습니다. '그 집 애들은 올해는 안 오나 봐.' 한마디로 명절 집안 분위기는 엉망이 되곤 합니다.

가장 아름다운 것은 서로 깔끔하게 주고받는 것입니다. 또는 주고받는 게 없는 관계이거나 말입니다. 받는 걸 당연히 여기거나 '나는 적어도 이만큼은 받아야 하는데'라는 자세는 위험합니다. 어린아이도 용돈을 받으면 고마워할 줄 압니다. 그것이 우리 사회를 건강하게 움직이는 일종의 '염치'라는 것입니다.

팬데믹은 가족관계의 밀도 또한 적나라하게 드러냈습니다. 좁은 집에 함께 살면서 한 사람에게 일방적으로 육아와 가사를 떠넘겨 이혼에 이르는 부부가 있는가 하면, 격리중에도 서로 식사와 간호에 정성을 다해 더욱 애틋해진 부부도 있습니다.

서로의 도움을 필요로 하지만 한쪽이 일방적으로 희생하는 관계는 지속할 수 없습니다. 큰딸의 희생 서사도, 친정어머니의 도우미 역할도 정당한 대가와 세세한 규칙이 필요합니다. 고마워하는 것은 인간된 도리이나, 미안해하는 것은 '공정하지 않다'라는 마음의 신호입니다.

이러한 '돌봄 과도기'의 핵개인들은 무엇을 해야 할까

요? 각자 독립체로 스스로를 관리해 폐 끼치지 않는 사회가 좋은 것인지, 적당한 민폐로 서로의 정이 관계 자본으로 쌓이는 사회가 건강한 것인지 그 정도를 합의해야 합니다. 무엇보다 중요한 것은 그 누구의 삶도 도구화되어서는 안 된다는 것입니다.

서로를 보살피는 것은 사랑하는 사람에 대한 도리이나, 내 삶이 누군가를 돌보기 위한 자원으로 인식되는 것은 억울한 일입니다. 그 결과는 현재 극단적인 출생률 저하로 나타나고 있습니다. 인구집단의 유지와 번성을 위해서라도 생로병사에 필요한 비용과 노동을 '공적 시스템'으로 세밀하게 설계하는 일이 시급합니다.

그리고 잊지 말아야 할 것은 시대의 어려움으로 인해 자립의 힘을 가지지 못한 사람들에 대해 사회가 지원과 협력의 체계를 갖춰야 한다는 것입니다. 효도의 종말이 인류의 저버림이 아니라 준비된 사회의 안전판이 실효적으로 작동하고 있다는 믿음으로 인식되어야 합니다. 이것이 각자가 스스로를 도구화하지 않고 자신의 행복을 추구할 수 있는 사회의 출발점입니다. 그리고 행복한 각자가 모여 더 크고 행복한 사회를 만들 수 있는 기본권이 될 것입니다.

나이듦은 천차만별

"이 사안에 대해서 한국의 중년 남성으로서 의견을 좀 주세요."

동료들과 이야기하다 이런 요청을 받자 순간적으로 버럭 화가 났습니다. '나에게 중년이라니!' 그런데 생각해 보면 저는 중년이 맞습니다. 중년이라는 말을 떠올렸을 때 여러분은 대략 몇 살 정도의 나이가 떠오르십니까? 경험상 이 질문을 해보면 상대의 나이가 자연스레 유추되었습니다. 통상 20대에게 물어보면 40대, 30대는 50대, 40대는 60대를 중년으로 이야기하곤 합니다. 무슨 이야기인가 하면 적어도 '나는 중년이 아닌 것'입니다. 사람은 자신에게는 너그럽고 상대에겐 야박한 듯합니다. 청년에 비해 쇠잔한 이미지가 있는 중년은 피하고 싶어 합니다. 부정적 언어와는 거리를 두고 싶은 것입니다.

생성형 AI에 '젊음을 표현하는 단어를 알려줘'라고 했더니 '청춘', '봄날', '새싹', '에너지'가 나옵니다. '노년'에 관련된 단어로는 '치매', '노인 병원', '복지'가 나왔습니다. 이렇듯 우리가 쓰는 표현 자체가 노인을 돌봄의 대상으로만 바라보는 것입니다. 반면 젊음에 관한 표현어는 밝고 긍정적이고 희망적입니다.

그렇다면 몇 살부터 나이 들었다고 할 수 있을까요? 30년 전 뉴스 인터뷰 화면을 보면 그 당시 30대의 모습과 지금의 30대의 모습은 확연히 차이 납니다. 물론 캐릭터나 외모의 차이도 있겠지만 과거에 비해 지금의 30대는 더 푸릇푸릇한 느낌이 있습니다. 확실히 사회는 젊어지고 있습니다.

하지만 그렇다고 해서 우리는 영원히 젊은 상태로 존재할 수는 없습니다.

나이듦이라는 인식이 몇 살부터 시작되는지 데이터를 보면 흥미롭습니다. 10년 전엔 50대가 나이듦의 초입이었다면 지금은 최소한 60대 정도로 숫자가 커지고 있습니다. 하지만 60대에 대한 인식도 세대별로 또 다릅니다.

20대 이하의 사람들은 60대를 노년의 출발점으로 보지만, 60대 당사자들은 절대 그렇게 생각하지 않습니다. 이제 노인이라는 지칭은 명백히 70대 이상으로 인식되고 있습니다. 건강 수명이 계속 연장된다면 우리 인식 속 '노인'의 출발점은 더 뒤로 가게 될 것입니다. 그렇다면 '나이듦'은 숫자가 아닐 수도 있습니다. 복지 프로그램의 대상자로 보면 만 65세와 같이 출생 연월이 기준이지만 외모와 생각, 건강 상태를 기반으로 한다면 나이듦의 기준은 각자 다 다를 것입니다.

늙는 모습도 천차만별

일상에서 음악을 듣는 경우만 보아도 우리의 뇌는 익숙한 것에 머물고 싶어 한다고 합니다. 31세 이후에는 새로운 음악을 듣지 않는다는 뇌 과학 분야의 연구가 있습니다.[24] 플레이 리스트를 보면 그 사람의 나이를 유추할 수 있습니다. 대체로 우리는 10대와 20대에 들었던 음악을 나이 들어서도 듣습니다. 새로운 취향을 탐색하는 호기심에도 노화가 진행되는 것입니다. 나이듦을 판정하는 중요한 기준 중의 하나가 바로 완고함입니다. 새로운 것을 받아들이려면 동기와 의지가 요구되기 때문입니다. 나이가 들면 누구나 낯선 것을 수용하려는 적극성이 줄어듭니다. 지금까지 해왔던 관성을 이어가려고 하는 것입니다.

온라인 게임의 사용자 연령을 예로 들어볼까요? 이곳에는 소위 '고인물'이라고 불리는 사람들이 꽤 많습니다. 역사가 깊은 온라인 게임 같은 경우 60대 이상 사용자가 적지 않습니다. 이들은 벌써 30년 넘게 공성전을 하고 있는 것입니다. 이 경우에는 골수팬들이 게임과 함께 나이 들고 있는 것입니다.

산업적으로는 두 가지 고민이 듭니다. 첫 번째는 충성 팬층이 너무 공고해서 새로운 사용자가 진입하기 어렵다는 것입니다. 두 번째는 이들이 더 나이 들어 게임을 못하게 될 경우를 대비해야 한다는 것입니다. 기존 사용자가 나이 들어 경제활동에서 멀어지고 신규 사용자의 유입이 계속되지 않는다면, 그 산업은 지속 가능성에 문제가 생깁니다.

이렇게 보면 우리는 다양한 분야에서 다양한 나이듦을 맞이하고 있습니다. 각자의 나이듦은 장르별로 다르게 이해될 것입니다. 본인의 실제 나이보다 젊은 취향을 유지하는 사람도 있고 나이가 젊더라도 과거에 갇혀 있는 사람도 있습니다. 다시 말해 누구나 나이가 들지만 나이듦이 나타나는 방식은 누구나 조금씩 다르다는 이야기입니다. 그렇다면 우리는 각자 자신 있게 '나는 젊다'라고 이야기할 수 있을까요?

흥미로운 것은 젊은 사람도 나이 든 사람만큼이나 똑같이 나이를 고민한다는 것입니다. 화장품 산업에서 피부 노화와 연관된 제품군은 '안티에이징'으로 분류됩니다. 그런데 그 고민의 시작점은 30세로, 일반적인 나이듦에 대한 인식과는 거리가 상당합니다. 이처럼 나이듦에 대한 걱정은 노인에게만 해당하지 않습니다.

물리적 노화가 아닐지라도 나이듦은 여러 가지로 고민스럽습니다. 첫 번째는 건강, 두 번째는 경제력과 소비력, 세 번째는 사회적 관계, 마지막으로는 삶에 대한 태도가 고민의 시작입니다.

노인 〈 어르신 〈 시니어

여기서 주의할 것은 '나이듦'은 상태를 설명하는 단어이고 '나이 든 사람'은 대상자를 지칭하는 단어로, 그 둘은 서로 다른 층위에 있다는 것입니다. 우리는 '나이듦'이라는 상태에 대해 고민할 때는 자신을 포함시키지만 '나이 든 사람'에는 자신을 빼고 사고합니다. 그렇기에 '나이 든 사람'은 언제나 자신이 아닌 '타자'가 되는 것입니다.

'나이 든 사람'이라는 단어에 따라붙는 것은 '돌봄', '노쇠', '지원' 등 힘듦이 연상되는 단어입니다. 주름지고 굽은 몸, 잘 들리지 않아 지나치게 커진 목소리, 경제 활동 없이 혜택을 누리는 이미지는 우리의 마음에서 노인과의 거리를 더욱 멀어지게 만듭니다.

상대를 어떻게 지칭하는가는 그의 정체성을 어떻게 인식하는지에 큰 영향을 미칩니다. 예를 들어 '여행'과 '관광'의 차이 같은 것입니다. 여행을 여행이라 하지 않고 관광이라고 할 때 참여자의 자율성과 주체성이 박탈되는 느낌이 듭니다. 그런 이유로 데이터상에서도 여행이라는 단어는 늘지만 관광이라는 단어는 늘지 않습니다. 친구에게 '우리 여행 갈래?'라고 말하지만 '우리 관광할래?'라고 말하진 않습니다. 관광이란 말은 문화체육관광부나 한국관광공사처럼 관공서의 명칭에서나 쓰이고 있습니다.

우리는 나이 든 사람을 지칭할 때에도 상황과 맥락에 따라 종종 다른 표현을 씁니다. 이를테면 '노인'과 '어르신'과 '시니어'가 각각 있습니다. 첫 번째 '노인'이라는 표현은 다른 세대와 나누어 구분할 때 쓰는 표현입니다. 두 번째 '어르신'은 정부 기관에서 공적 지원의 대상자를 높여 부르는 표현입니다. 공무원들이 노인에게 관련 정책을 설명할 때

주로 사용합니다. 사회적 예우를 담은 표현임에도 '약자성'이 포함돼 있어서 일상에서 쓰면 노인들은 묘하게 기분 나쁘다고 합니다.

마지막 표현인 '시니어'라는 단어가 사용되는 맥락은 흥미롭습니다. 시니어는 비교하자면 노인과 어르신보다 좋은 이미지입니다. 시니어라는 단어가 나올 때마다 더 나은 삶을 지향하는 장면들이 함께 떠오르곤 합니다. '시니어 모델'이나 '시니어 인턴십'과 같이 활동적이고 경제적 참여도가 높은 활동들과 연결됩니다.

그런데 노인, 어르신, 시니어 각각의 표현 모두에는 그들의 삶을 깊이 들여다보는 존중이 결여된 것은 아닌지 돌아보아야 합니다. 이들은 나와 다르지 않은 우리 사회의 일원입니다. 게다가 전쟁, 외환 위기, 글로벌 경제 위기, 팬데믹까지 언제든 또 올 수 있는 근현대사의 굴곡을 먼저 겪은 분들입니다. 우리가 서로의 서사에 귀를 닫은 채 무심코 대상화하면서 교류와 공존을 회피하는 것은 아닌지 차분히 들여다보아야 할 듯합니다.

'영웅시대'에는 효도가 필요 없어

"임영웅은 트로트 가수가 아닙니다."

한 명의 아티스트와 그 팬덤의 관계가 사회 변화의 촉매로 관찰된 사례도 있습니다. 바로 가수 임영웅과 그 팬덤의 일화입니다. 그가 시축을 했던 K리그 축구 경기에서 팬들은 자발적으로 규칙을 만들고 공유했습니다.

팬클럽이 지켜야 할 규칙 1번이 하늘색 옷을 입으면 안된다는 것이었습니다. 그 이유는 그의 팬클럽 상징색이 하늘색인데 해당 경기에 참여하는 특정 팀의 유니폼 색깔이 하늘색이어서 맥락이 오해될 수 있으니 조심해달라는 아티스트의 요청에 화답한 것입니다. 두 번째는 서포터즈석과 원정석은 중요한 자리이므로 그곳은 예매하지 말라는 공지였습니다. 정말 축구를 좋아하는 사람들에게 양보하자는 것입니다. 세 번째는 더욱 재미있습니다. 먹을 것을 싸오지 말라는 것입니다. 간식으로 온갖 음식을 가져오는 것은 나들이의 소소한 재미였는데, 가져가는 사람은 좋지만 다른 사람들에게 불편함을 줄 수도 있으니 조심하자는 것입니다. 마지막 규칙은 티켓을 샀으면 끝까지 자리를 지키자는 내용이었습니다. 사랑하는 가수가 하프타임 공연에서 노래를 다 부르더라도 후반전 경기까지 모두 관람함으로써 축구 경기와 그 팬들에게 존중을 다하자는 것이었습니다. 이는 음악 팬덤이 스포츠 팬덤에 존중을 보여준 배려의 사례입니다.

상대에 대한 배려는 내가 어떻게 비춰질까 돌아보는 데에서 시작합니다. 자신이 속해 있던 규범을 돌아보고 새로운 규범에 자신을 맞춰가는 과정에서 나오는 것입니다. 어떻게 보면 어떤 중장년은 지금 시대의 문화를 잘 몰라서 하는 행동 때문에 새로운 세대로부터 차별의 시선을 받고 있던 것인지도 모르겠습니다. 과거에는 어느 장소든 먹을 걸 가져와서 먹는 게 이상하지 않았기 때문입니다. 부끄러움 같은 것은 없었습니다. 배곯던 시절이니 다들 그렇게 살았기 때문입니다. 그런데 이제는 먹거리를 아무 데나 싸와서 펼치는 것이 곤란한 사회가 되었습니다. 그때는 맞고 지금은 틀린 경우가 얼마나 많은지 생각해 봅니다. 예전에는 지하철, 사무실 심지어 비행기 안에서도 흡연이 허용됐지만 지금은 그 어느 곳에서도 안 됩니다. 사회적 매너는 수시로 업데이트되기에 주변 사람들에게 계속 물어보고 배우는 게 맞습니다. 누구든 그렇게 계속 바뀌는 사회의 기준을 배워야 하는 것입니다.

이 모든 것은 사회 변화에 호응하는 '새로운 관계 맺음에 적응한 현행화', 즉 동시대화를 잘 보여줍니다. 동시대화는 사회는 꾸준히 변화한다는 명제를 잊지 않고 그 변화를 관찰하며 타자의 눈높이에서 본인의 가치관과 관습적 행동을 가다듬는 것입니다.

새로운 경험을 한 중장년들은 효도의 대상이 아니라 능동적으로 고유의 문화를 향유하는 애호가로 거듭납니다. 온라인 커뮤니티에서는 '임영웅은 트로트 가수가 아니다'라는 팬덤의 댓글이 관찰됩니다. 처음에 그는 트로트 오디션 프로그램으로 알려지긴 했으나, 이후 음악적 스펙트럼의 확장으로 트로트 장르를 넘어섰다는 찬사였습니다.

그런데 아티스트가 팬들에게 주었던 체험은 그 이상일 수 있습니다. 팬들은 콘서트장에서만큼은 나이를 잊고 음악과 함성 속에서 자신이 좋아하는 것에 빠져드는 희열을 느꼈다고 합니다. 이는 앞서 언급했던 '31세 이상은 새로운 음악을 듣지 않는다'라는 연구의 기준으로 본다면, 팬들을 서른 살 이전의 빛나는 순간으로 돌려준 것입니다. 뿐만 아니라 다른 세대와 조우할 수 있는 기회를 열어주고 그 젊음을 콘서트장을 넘어 일상으로 가져올 수 있는 감수성을 선물했습니다. 콘서트가 끝나면 다시 일상이지만 새로운 세대와 한 공간에서 어울릴 수 있는 방법을 체득한 이들은 '핵개인의 시대'와 공존을 시작합니다.

할머니도 '아아'를 좋아해

한국 드라마에 자주 등장하는 나이 드신 '회장님'은 부와 권력을 쥐고 자식들 위에 군림합니다. 한국만의 이야기는 아닙니다. 넷플릭스 드라마 〈그레이스 앤 프랭키〉는 미국의 부유한 은퇴자들의 이야기입니다. 그들은 현실에서는 잘 볼 수 없는 상위 1% 이내의 아웃라이어들입니다.

하지만 평범한 우리는 모두 나이 먹는 걸 두려워합니다. 몸도 처지고 마음도 뒤처진다는 '나이듦' 그 자체에 대한 두려움도 있지만, 결국 생로병사의 돌봄을 누가 책임지느냐 하는 문제로 이어집니다. 앞에서 기술했듯 급감하는 다음 세대의 인구수와 늘어나는 평균 수명의 변화는 부양의 시스템에도 급격한 변화를 만들어냅니다. 기존의 시스템으로는 불가능한 계산이기에 이전 세대의 늙어감 앞에서 자녀도 부모도 서로 눈치를 보며 불안해합니다.

생산의 기회, 경제 활동의 여력이 충분하다면 큰 문제가 아니겠지만 나이가 들면 확연히 기회가 줄어들고 자신감이 떨어집니다. 희망퇴직도 나이를 기준으로 권고하듯 시간이 지날수록 기회가 줄어들기 때문에 '더 늙기 전에 해보자'라는 생각을 하게 됩니다. 그렇기 때문에 버킷 리스트를 만들고 실천하는 사람들도 생깁니다. 꼭 물리적 나이가 젊지는 않아도 인생을 젊게 살 수는 있습니다. 중년 이후 운동을 해서 보디 프로필을 찍는 사람도 있고, 시니어 모델로 서는 사람도 있습니다.

그런데 그들의 적응은 지금도 진행 중이기에 자칫 현실을 보지 못할 수 있습니다. 은퇴 시기가 한참 지난 중노년을 바라볼 때 우리의 시각도 양극화되어 있습니다. 돌봄이 필요한 '피부양자' 또는 사신의 삶을 진취적으로 사는 '액티브 시니어' 이렇게 둘 중 하나로 보는 것입니다. 이때 우리가 그들의 진정한 모습을 놓치고 있는 것은 아닌지 돌아볼 필요가 있습니다.

요즘 독서 클럽에서는 100세가 아니라 120세의 건강을 논의합니다. 시니어 시장은 성장세가 가파릅니다. 걸음을 걸은 만큼 현금으로 되돌려 주는 앱은 중장년층에게 선풍적인 인기를 끌며 확장 중입니다.

예전과 달리 세대 간 취향의 격차도 크지 않습니다. 프랜차이즈 커피숍 직원이 할머니를 상대로 한 주문 경험담이 온라인에서 회자된 적이 있습니다.

"다방 커피처럼 달달하고 프림 넣은 게 좋으세요? 탄밥 누룽지처럼 쌉쓸하고 구수한 게 좋으세요?"

직원의 이런 친절한 설명에 누군가는 '배려심 최고'라고 응수했지만, 다른 댓글에는 '뭔 소리야? 나는 아아(아이스 아메리카노) 줘!'가 달렸답니다.

무슨 생각이 드시나요? 우리는 부지불식간에 할머니를 취향 약자로 보고 배려라는 이름으로 무시하고 있는 것은 아닐지 생각해 보아야 합니다. 할머니 할아버지도 피자를 좋아하고 아이스 아메리카노를 마십니다. 물론 취약한 인지 능력을 가진 분은 배려해야 하지만, 기본은 '똑같은 사람이다'라는 인식이 필요합니다.

먹고 마시는 취향뿐만이 아닙니다. 소셜라이징, 연애, 건강 및 관리, 문화 소비 네 가지로 분류가 되는 노인분들의 욕구는 젊은 분들의 그것과 다르지 않습니다.

환갑잔치와 '노후 준비 완료'

메신저에서 익명으로 소통을 나누는 '오픈 채팅'에는 '5060' 커뮤니티도 제법 보입니다. 이 채팅방 소개에서 나오는 단어는 '인연', '얼공(얼굴 공개)', '자유', '썸', '행복함' 같은 것들입니다. '말동무', '매너', '이성 교제' 같은 단어도 눈에 띕니다. 과거에 삶의 원숙기에 접어든 연령대의 주요 관심사는 건강, 가족, 그리고 먹고사는 문제 같은 것들이 대부분이었습니다. 하지만 '먹고, 기도하고, 사랑하는' 인간의 기본 욕구는 똑같이 유지됩니다. 나이에 상관없이 언제든 새로운 만남과 관계는 피어날 수 있습니다.

그런데 자녀들은 부모의 사랑의 욕구를 모른 척하고 싶어 합니다. 그 이유는 먼저 가신 한쪽 부모에 대한 추억 때문이라 하기도 하지만 '상속 분쟁'과 같은 현실적 이유 때문이기도 합니다. 다만 그 어느 쪽도 부모의 입장에서 한 생각이라기보다는 자녀의 마음과 현실에서 비롯된 것입니다.

이렇듯 부모의 삶을 바라보는 자녀의 의사결정은 부양, 재산 등과 같은 생활의 문제와 유리될 수 없습니다. 인구 구조를 보면 1968년부터 1972년에 출생한 인구가 매해 100만 명 수준입니다. 투표권을 이들이 갖고 있기에 정책 변화를

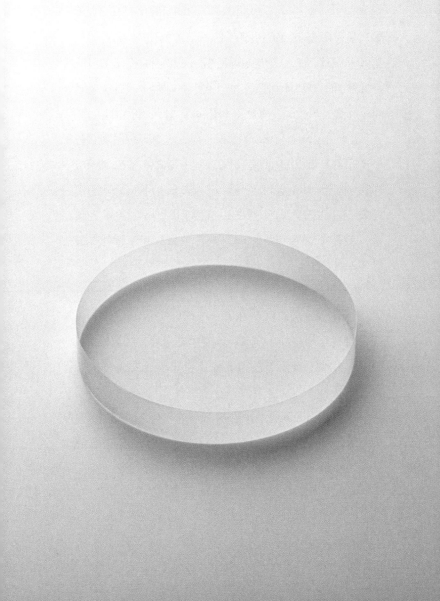

일으킬 수 있습니다. 이런 환경 속에서 변화된 은퇴 사이클이 관찰되고 있습니다. 1968년생은 61세, 1969년생은 62세, 1970년생은 63세, 1971년생은 64세, 1972년생은 65세로 정년이 늘어날 것으로 전망된다는 글이 메신저에 공유됩니다. 부양의 대상자로서 이들을 책임지기 어려우니 정년을 늘려 사회가 일자리를 나누자는 논의를 하고 있는 것입니다.

상황이 이러하니 60세는 서서히 노인 범주에서 빠지는 추세입니다. 2010년대에는 환갑잔치가 중요한 효도 행사였지만 지금은 하지 않는 추세로 바뀌고 있습니다. 요즘엔 칠순도 간단한 가족 식사 정도로 치른다고 합니다. 우리 사회가 고령화에 따른 변화를 매우 빠른 속도로 받아들이고 있다고 보여집니다.

효도라는 말 자체도 확연히 줄어들고 있습니다. 그렇다면 경제력 없는 부모는 누가 모시게 되나요? 이와 관련되어 슬픈 예제가 있습니다. 직장인 커뮤니티 플랫폼인 블라인드에서는 자기를 직접 결혼 시장에 소개하는 셀프 소개가 유행입니다. 일명 '셀소'라고 불리는 것으로 그 소개 항목이 매우 직설적입니다. 회사, 나이, 키, 직업까지 나오고 마지막에 '부모님 노후 준비 완료'까지 붙습니다. 부모의 노후 준비 완료가 자녀의 '소개팅 스펙' 중 하나인 것입니다. 결혼 상대자에게 '부모 부양의 책무가 없으니 안심하라'는 메시지입니다.

둘이 살기도 버거운 상황에서 부모 부양은 윤리이기도 하지만 부담이 되는 것은 부정할 수 없습니다. 그래서 젊은 이들은 '노후 준비가 된 부모가 제일 좋은 부모'라고 하는 것입니다. 어찌 보면 각박하지만 경제 구조가 만들어낸 현실은 녹록지 않습니다.

60대에 절정 이루는 효능감

과거에는 서른이라고 하면 어른이라고 했습니다. 기대 수명이 60세 정도였고 30세 정도면 결혼을 하고 자녀가 있는 것이 일반적이었습니다. 이제는 삶 전체의 생애주기가 길어지고 있습니다. 80세였던 손해보험 보장 만기는 이미 110세로 변화했고, 곧 120세, 130세가 될지도 모릅니다. 인생 전체의 기승전결 주기가 달라진다면 자연스럽게 '전성기'도 달라질 것입니다.

요즘 들어 더욱 주목할 만한 것은 중장년의 효능감입니다. 많은 사람들이 60대에 효능감이 절정에 이른다고 증언합니다. '지금이 제일 좋다'라고 말합니다. 이렇듯 나이 든 것이 나쁜 것도 아니고 젊은 것이 좋은 것도 아닙니다. 장수가 축복으로 다가오면 새로운 기회가 노년기에 더 많이 생길 수도 있습니다.

하지만 여전히 과거의 공식에 사로잡혀 있는 사람들도 있습니다. 우리 사회는 특히 나이에 대한 집착이 큽니다. 유명한 이야기가 있습니다. 놀이터에서 아이들이 만나면 서로 하는 첫 마디가 '너 몇 살이야?'라는 것입니다. 부모도 일단 자신의 아이와 다른 아이의 서열 정리부터 합니다. '다섯 살? 그럼 너는 동생이네. 형이라고 불러.'

어릴 적부터 본능적으로 나이를 묻는 습성은 각자의 인생에 숙제와 강박을 남깁니다. '그 정도 나이면 이 정도는 하고 있어야지'가 일종의 매뉴얼입니다. '서른인데 아직 졸업을 안 했어?', '서른 후반인데 아직 결혼 준비가 안 됐나?', '오십이면 노후 설계는 시작했겠지?' 등 듣는 이의 마음을 헤아리지 못하고 상처가 되는 질문이 아무렇지 않게 오갑니다.

한국 사람들은 언제나 '시간, 돈, 나이'를 이야기합니다. 예를 들어 이런 식입니다.

"제가 서른 살인데 연봉이 3,500이면 정상인가요?"

나이가 들었는데 그만큼의 자산을 쌓지 못했다면 사회적 기준에 미치지 못하는 것인지 걱정하고, 그것으로 위축되기도 합니다. 이제 우리는 강박에서 벗어날 시기입니다. 모두가 모든 것을 가질 수는 없기 때문입니다. 청년은 불안하지만 미래가 있는 것이고, 노년은 회한이 있지만 안정된 것입니다. 경제적 자원이 부족한 만큼 시간의 여유가 있는 것이고, 생활의 여유는 얻었지만 유한한 생에 아쉬움을 느끼기도 합니다. 삶의 다양성을 바라보는 겹눈을 가지면 어떨까 합니다.

늘어난 생애주기에서 겪는 우리의 당황스러움은 어떻게 '나이듦'을 이어갈지 알려줄 롤모델이 부재하다는 데에서 옵니다. 갑작스럽게 장수 시대가 열렸기에 벤치마킹할 대상이 없는 것입니다.

어른들이 '나이 들면 지켜야 할 일'이라며 서로 공유하는 좋은 글 속 문구를 보면 '살날이 얼마 남지 않았으니 주변을 나와 잘 맞는 사람들로 채우라'는 말이 있습니다. 언뜻 보면 맞는 말 같지만 한편으로는 관계에서 너무 쉽게 등을 돌려 활동할 네트워크 반경을 좁히는 일입니다. 60세가 넘으면 귀가 순해지는 이순耳順이라는데, 귀가 순해진 게 아니라 더 까탈스러워진 것이라고 볼 수 있습니다. 내 감정을 솔직하게 드러내고 '약한 부분'을 공유해야 '관계'가 생기는데, 그 연습의 장이 거의 없었던 것입니다. 약점을 노출하면 무시당하고 손해 보았던 상처 때문일 수도 있습니다.

어쨌든 우리는 함께 살아야 합니다. 노인과 노인이 함께 사는 것뿐 아니라, 청년과 노인도 함께 살아야 합니다. 이 공생을 어렵게 하는 것은 오랫동안 우리를 지배했던 나이에 의한 서열 관계입니다. 이것은 나이가 어린 사람에게도 선배들을 깍듯이 모셔야 한다는 부담이고, 나이가 많은 사람에게도 제 역할과 책임을 다해야 한다는 부담입니다. 이런 상호 부담이 '우리'의 범주를 '동갑'으로 한정해 왔습니다.

나이 따라 서열을 매겨 '더 낫다'라거나 '더 못하다'라고 편견을 가질 필요가 있을까요? '장유유서長幼有序'라는 말도 유학 전공자들에 따르면 무조건 출생 연도로 서열을 정하는 게 아니라, 그 역할에 맞는 순서를 인정하는 것이라고 합니다.

나이 든 선배 중에서도 '나이 든 사람 믿지 마라'고 말하는 이들도 있습니다. 나이 든다고 다 현명해지는 것은 아니라는 것입니다. 지혜가 나이와 정비례하지 않는다는 것을 우리도 알고 있습니다. 나이 들어 지혜로운 사람은 젊을 때부터 현명한 사람이라고들 합니다.

나이 든다고 무조건 두뇌 사용 능력이 떨어지는 것도 아닙니다. 어휘력, 추리력, 공간지각능력, 계산력 같은 것들이 다 다릅니다. 자기 갱신을 거듭하는 예술가들은 80이나 90

의 나이를 넘어서 최고의 걸작을 내놓는 경우도 많습니다.

지금 우리 사회 전반을 지배하는 가치는 '어떻게 함께 살 것인가'입니다. 나이를 기반으로 선을 긋고 구분 짓기를 반복한다면 각자가 서 있는 삶의 토대는 점점 작아질 수밖에 없습니다. 새로운 생애주기에 대한 적응은 어떤 연령대도 피해갈 수 없는 과제가 되었습니다. 오래가고 함께 가는 공존을 위한 전제는 타자화를 멈추는 것입니다.

문제는 '나이'가 아니라 '나'이다

나이를 넘어선 교류는 곳곳에서 관찰됩니다. 2006년생과 1989년생이 같이 '덕질'하는 풍경은 온라인 커뮤니티에서 흔히 볼 수 있는 모습입니다. '좋아하는 게 같으면 친구지'라며 굳이 나이로 서로를 분별해서 주춤할 필요가 없다고 합니다. 주위를 돌아보면 이웃집 할머니를 친구로 사귀고 집에 초대하는 30대 직장 여성도 있고, 80대 할아버지와 종종 커피를 즐긴다는 귀농 청년도 있습니다. 경계하지 않고 서로를 '존재'로 본다는 게 중요합니다.

이런 질문을 해봅니다. 어른도 아이도 꼭 어떤 경지에 올라야만 잘 산 삶일까요? 한 예능 프로그램의 장면이 생각납니다. 진행자가 길거리에서 만난 어린이에게 "어떤 사람이 될 거니? 어른이 되면?"이라고 묻는 장면이 방송되었습니다. 다른 출연자가 "훌륭한 사람이 돼야지"라고 근엄하게 말을 보탰더니 옆에 있던 이효리 씨가 웃으며 말했습니다. "뭘 훌

룽한 사람이 돼. 그냥 아무나 돼."

이 장면에 많은 사람들이 공감의 박수를 쳤다고 합니다. 다들 느끼고 있었던 것입니다. '모두가 훌륭한 사람이 될 필요는 없다. 내 존재의 의미를 갖고 주체적으로 살 수 있다면 충분하다'라고 말입니다.

우리는 항상 선택의 기로에 있습니다. 하지만 늘 과거로 회귀해서 질문합니다. 그때 수능을 잘 봤으면 내 삶은 바뀌었을까요? 그때 관계를 깨지 않았다면 지금은 더 행복했을까요? 거꾸로 그 선택은 지금도 일어나고 있는데 왜 옛날만 후회하고 지금은 함부로 살까 생각해 봅니다.

모든 것은 '나이듦'의 문제가 아니라 혹시 나의 문제가 아닐까 고민해 봐야 할 것입니다. 그렇다면 '멋지게 나이 든다'라는 이야기는 좀 다르게 해석되어야 할 것 같습니다. '멋지게 나이 드는 것'이 아니라 애초에 '멋진 사람이 나이가 든 것'입니다.

나이 들수록 젊은이들에게 더 많은 열광과 지지를 받는 관록의 아티스트들을 바라보시기 바랍니다. 안 멋진 사람이 멋있어진 것이 아니라, 원래 멋졌던 사람을 더 많은 사람들이 발견한 것입니다. 그들은 최선을 다해 현실을 삽니다. 과거에 연연하거나 미래의 허세를 팔지 않습니다. '지금, 여기'

당신은 훌륭해지기 위해

태어나지 않았습니다.

부양을 위한 도구로

태어나지도 않았습니다.

돌봄의 끝은 자립이고

자립의 끝은 내가 나의 삶을

잘 사는 것입니다.

를 충실하게 살아내며 자신에게 다가오는 새로운 도전을 기꺼이 받아들입니다.

지금 할 수 있는 것에 집중하자는 것입니다. '나는 소중하기에' 내 소중한 삶을 유예할 수 없습니다. 자신의 관계 속 책무는 자신이 지켜나가야 할 '내 삶의 일부'입니다. 하지만 누군가를 부양하기 위한 도구로 내가 태어난 것은 아닙니다. 각자의 삶의 중심은 자기 자신에게 있습니다. 부양의 의무는 '내가 해야 할 일' 중에 하나일 뿐이지 그것이 '나의 모든 것'이 될 수는 없습니다.

문제는 '나이'가 아닙니다. 지금의 '나'는 늙었기 때문에 무언가 해내지 못하는 것이 아니라 젊을 때부터 시도하지 않았던 것입니다. 누군가를 돌보고 돌봄을 받는 행위는 다음 세대를 이어가는 인간의 도리로 정착됐지만 사회적 설계로 그 무게를 좀 더 가볍게 할 수 있습니다. 돌봄의 끝은 자립이고, 자립의 끝은 '내가 나의 삶을 잘 사는 것'입니다. 각자 잘 사는 사람들이 예의를 지키며 교류할 때 의무는 경감되고 우리의 삶은 더 다채로워질 것입니다. 그렇게 함께 현명해지고 함께 도움을 줄 수 있는 각자 '나'를 지킬 수 있는 핵개인들의 사회를 꿈꿔봅니다.

문제는 '나이'가 아니라 '나'입니다.

제5장

핵개인의 출현

가장 경쟁력 있는 상품은

'서사narrative'입니다.

성장과 좌절이

진실하게 누적된 나의 기록은

유일무이한 나만의 서사입니다.

세계관을 주고받는 우아한 핵개인들

"파키스탄 출신의 무슬림과 결혼한다고 하니 목사인 아버지가 놀라셨어요."

함께 공부해 온 도반 L은 아름다운 결혼 생활을 하고 있습니다. 국비장학생으로 한국에 유학 온 파키스탄 출신의 인재와 결혼한 것입니다. 신랑은 파키스탄 출신으로 결혼 전 이미 국내에서 취업해 한국 국적을 취득한 상황이었습니다. 법률적으로 한국인 사이의 결혼이지만 문화적 배경이 다른 이들이 만났으니 국제결혼인 셈입니다. L은 10대 시절부터 미국에서 공부하다 귀국했고, 한국 대기업을 그만둔 후 저와 팀을 이뤄 꽤 오래 함께 연구했습니다. 외국 생활 경험이 많아 타 문화권과 교류가 낯설지 않음에도 파키스탄 사람과의 결혼은 완전히 다른 세계였다고 합니다. L은 고백합니다.

"제 삶으로 인도와 파키스탄 문화가 쏟아져 들어왔어요."

게다가 그녀의 집안은 기독교, 남편 집안은 무슬림이니

결혼 그 자체가 두 집안에 얼마나 큰 충격이었겠습니까. 그런데 목사인 L의 아버지가 결혼식장에서 낭독한 편지는 종교와 가부장의 경계에서 눈물로 쓰여진 포용의 언어로 청중을 울렸다고 합니다. 덕분에 두 사람은 현재 싱가포르에서 아이를 낳고 행복하게 살고 있습니다. 싱가포르의 인구 구성에도 인도 말레이계 사람들이 적지 않게 분포되어 있기에 모든 것이 더욱 순조로웠다고 합니다. 다문화에 익숙한 이들 부부는 음식부터 현지인 네트워크까지 두려움 없이 접근했다 합니다.

L이 한국에서 신혼 생활을 시작했다면 어려움이 적지 않았을 것입니다. 다양성 측면에서 한국은 매우 불리한 환경입니다. 한국인들은 한때 '단일민족'이라는 자부심을 교육받아 왔습니다. 동질성 강박이 몸에 배어 있습니다. 한국어를 쓰지 않는 다른 언어권 사람들과의 교류 기회도 적었습니다. 여러 나라에서 살아본 경험이 있는 L은 한국에서 교육받고 자란 이들의 능력을 높게 평가합니다. 그녀의 표현을 빌리자면 '똑똑하고 성실해서 전 세계 어떤 직업군에 있든 경쟁력이 있다'고 합니다. 그럼에도 불구하고 언어 소통의 한계와 다양성에 대한 부족한 경험으로 국제 진출에 어려움을 겪는 것 같다고 아쉬워합니다. L은 지금 싱가포르에 있지

만 두바이 같은 곳으로 이주해도 적응에 무리가 없을 것 같
다고 자신합니다. 두바이 역시 아랍 인도 문화권과 연결돼
있으니 공통점이 더 많지 않겠느냐는 이야기입니다.

베트남 신부가 과일 깎다 혼난 까닭

  몇 년 전 한 지역신문 기사에 베트남과 한국의 과일 깎
는 법이 다르다는 내용이 실렸습니다. 한국은 과일을 깎을
때 칼날을 자신 쪽으로 하지만 베트남 사람은 바깥쪽으로
향한다는 이야기였습니다. 그 과일칼 방향 때문에 한국에
온 베트남 새댁은 첫날부터 어른들 앞에서 책을 잡히고 '예
절을 모른다'는 억울한 꾸지람을 듣습니다. 그녀는 선입견을
품은 완고한 한국 사람에 의해 일거수일투족이 다 결함투성
이인 존재로 전락하고 마는 것입니다. 이걸 간파한 지역신문
이 오해를 줄이려고 기사를 썼다고 합니다. 깎는 사람의 안
전을 고려하는 베트남의 전통 또한 '틀린 것'이 아니라 '다
른 것'이라는 설명과 함께 기사는 마무리됩니다.

  정치학자 베네딕트 앤더슨은 민족을 '상상의 공동체'라
정의하기도 합니다.[25] 동아시아학자 앙드레 슈미드는 1890

년대에서 1910년대 당시에 대한 문헌 분석을 통해 우리가 절대적으로 생각하는 '한민족'이라는 개념조차 100년 전의 신조어에 불과하다고 제안합니다.[26] '민족 단위'의 자립만을 주장한다면 타국에서 온 이민자를 배려하기 어려워집니다. '한민족과 단일국가'는 한때 공동체 의식을 통해 단합을 이끌어내는 단서였지만, 이제는 마음속 경계를 깨고 우리의 품을 넓혀야 합니다.

이런 측면에서 L이 다수의 한국인들과 다른 점은 '경계를 어떻게 인식하느냐'일 것입니다. L이 청소년 시절부터 다양한 문화권이 혼재하는 북미 지역을 경험했기에 그 경계에 대한 사고가 유연했기 때문이기도 할 것입니다.

그런 L에게도 친구, 지인, 동료가 아닌 '가족'의 확장은 세계관을 넓히는 경험이었다고 고백합니다. L은 파키스탄 사람과 결혼하자 그의 가족, 그 인구집단 전체가 '내 삶으로 들어왔다'라고 표현했습니다. 그 표현은 너무나 예쁘게 들립니다. '내 마음, 내 세상, 내 하늘로 들어왔다.' 그렇다면 일체유심조一切唯心造, 모든 것은 다 마음속에 있으니 내 지평이 넓어지게 된 것입니다. 그들 사이에서 태어난 아이는 너무나 예뻐서 매주 온라인으로 진행하는 연구 모임에서 화상 회의 화면으로 얼굴을 볼 때마다 반하지 않을 수 없었습니다.

다갈색 곱슬머리 아이의 분홍 입술에서 새어 나오는 우르두어, 한국어, 영어의 언어 조각들은 듣기만 해도 다채롭습니다. 다양성에 비례해서 폭발하는 적응의 경이로움을 보여줍니다. L의 사례에서 보듯 문화의 중첩은 다채로움의 자양분입니다. 그의 자녀는 다양한 문화와 언어 경험을 두루 갖췄기에 더 넓고 깊은 삶의 무대에서 살아갈 것입니다.

서로의 타자로 남는다는 것

'구성원이 다양한가? 소수자 배려 문화가 있는가?'

이 질문은 시혜 강요가 아니며 사회적 책무에 머무르지도 않습니다. 앞에서 설명한 것처럼 장애인, 외국인, 여성의 비율이 조직의 속성을 변화시키며 앞으로 공동체가 생존하는 데 유리하다는 연구가 늘어나고 있습니다. 가령 '조직에 외국인 인사관리 규칙이 있느냐'라고 물었을 때 '우리는 외국인이 없어서 괜찮다'라고 하면 심각한 상황입니다. 기본값이 동질이니 새로운 유입이 막힌 것입니다. 주변에 다른 인종, 종교, 성, 연령이 눈에 띄지 않는다면 문제를 인식해야 합니다. 보는 것이 믿는 것입니다. 공중파 TV 채널만 보다가 넷플릭스, 유튜브 등 글로벌 콘텐츠 서비스로 전 세계 문물을 접하다 보면 '입력'이 폭증하게 됩니다. 늘어난 입력만큼 기준도 다양해집니다.

　파키스탄 사람과 결혼한 도반 L의 경우처럼 핵개인들은 '타자'를 맞이할 때에 그 태도에서 더욱 빛을 발합니다. 그들은 낯선 이를 경계하지 않습니다. 그들은 스스로도 자신이 타자가 될 수 있음을 겁내지 않고, 새로운 타자를 만났을 때에도 주저함이 없습니다. 결론은 아무리 강조해도 부족하지 않습니다. 다양성이 생태계의 희망입니다.

그게 다 빚이었다

부모 자녀 사이의 주고받음은 복잡한 함수를 갖고 있습니다. 단순히 부모가 내리사랑으로 자녀를 키우고 자녀는 시간이 지나 은혜를 갚는다는 문법은 결혼에 대한 인식 변화, 노인 부양 문제 등 다양한 사회경제적 변화를 맞아 그 의미와 행위가 재조명되고 있습니다.

10여 년 전에 진행한 일본 노인의 삶에 대한 연구는 효도의 정의를 다시 생각하게 합니다. 해당 연구에 따르면 일본의 노인들에게 효도는 '내 자녀가 잘사는 것'이라고 합니다. 일본 노인들은 자녀가 이따금 찾아오는 것만으로 충분하다 생각한다고도 합니다. 일본에서는 한국 사회처럼 용돈이나 생활비를 주는 것은 바라지도 않는다는 것입니다.[27] 그 내용을 접했을 당시에는 '참 정이 없다'라는 의견을 동료들과 나누었던 기억이 납니다. '일본 노인들은 그다음 세대보다 부자인가보다'라는 이야기도 덧붙여졌습니다.

실제 데이터로 찾아보면 한국의 노인 빈곤율이 일본보다 훨씬 더 높습니다.[28] 일본은 부모 세대가 부유하니 자식이 지원할 필요가 없고, 한국은 노인은 가난하니 자식 세대의 부양이 필요하다는 해석이 가능합니다. 그런데 좀 더 깊게 들여다보니 일본의 부모들은 자식이 분가할 때 큰 금전적 지원을 하지 않는다는 것을 알게 되었습니다. 서로 '안 주고 안 받는 관계'가 약속되어 있다는 것입니다. 그렇다면 일본 노인은 상대적으로 여유가 있다고 볼 수 있습니다. 자식을 지원하는 일을 멈춘 셈이므로 본인의 미래를 위해 그 여유를 미리 준비한 것입니다.[29]

한국 사회에서는 부모가 여유가 있으면 자식들이 결혼하거나 분가할 때 주택 자금을 지원하는 일이 많습니다. 뿐만 아니라 부모들은 진학 경쟁에서 사교육이라는 엔진에 기름을 들이부어야만 했습니다. 사교육비는 초기 투자금 내지는 일종의 할부 시스템 같은 것입니다. 초기 투자가 이루어진 기업이 성공 이후 투자자들에게 배당을 하는 것과 같은 이치입니다.

이후 부모라는 투자자가 연로하고 생활이 어렵다면 가족의 도리임과 동시에 투자자 보호 시스템이라고 생각해서라도 자식은 되갚아야 한다는 생각이 한국 사회의 관습입니다. 결혼의 단계를 부모가 관여하자 '내 결혼인데 왜 간섭하냐'라고 항의한 아들에게 '내 돈으로 결혼하는 것이니 당연하다'라며 부모가 소리치던 드라마의 한 장면이 떠오릅니다.

아버지의 퇴임과 자녀의 결혼

우리 사회의 생존 시스템은 매우 복잡한 사적 부조로 설계되어 있습니다. 혼자서는 생존이 어렵기에 함께 살기 위해 '관혼상제'라는 의례를 정하고 때마다 서로를 돕는 방식입니다. 그중 가장 중요하게 여기는 절차가 바로 결혼식 부조扶助 문화입니다. 요즘도 이따금 들리는 소리가 있습니다.

"아버지가 정년 퇴임이 얼마 남지 않았으니 빨리 결혼해야 해."

다른 문화권에서 보면 문맥을 이해하지 못할 수도 있는 문장입니다. 《소학》에는 "古者(고자)에 男女之族(남녀지족)이 各擇德焉(각택덕언)이오 不以財爲禮(불이재위례)하니라"라는 말이 담겨있다고 합니다.[30] "옛말에 이르기를, 남녀 각각의 가족들은 혼인을 할 때에 각 집안의 덕망을 보았을 뿐, 재물을 주고받는 것을 예법으로 여기지 않았다"라는 뜻입니다.

여기에서 덕망이란 현재의 관점에서 보면 얼마나 도덕적인가에 대한 평가를 넘어 각자가 지닌 가치관이 물질적인 것보다 중요하다는 것을 함의하는 것 같습니다.

하지만 현실은 그렇게 하기 쉽지 않습니다. 결혼은 가장 많은 비용이 드는 행사이고, 짧은 시간에 그 가족의 경제 사회 문화적 포트폴리오가 압축적으로 공개되는 순간입니다. 부모의 사회 활동이 왕성할 때에 결혼식을 치러야 더 많은 하객들이 방문하여 축하한다는 것이 일반적 인식입니다.

부모의 직업이 대단한 사회적 영향력을 지닌 경우가 아니라 하더라도 결혼식 같은 중요한 행사에서 그간의 관계에 대한 정산이 이루어집니다. 예를 들어 우리 집안이 결혼할 때 3,000만 원을 받았다면 지속적으로 10만 원씩 300번은 갚아야 한다고 인식하는 이들도 있습니다. 상황이 이러하니 남의 결혼식에 부조만 하고 결혼하지 않는 싱글들 그리고 그 부모들은 손해 본다는 생각도 든다고 합니다. 세상의 변화에 감이 좋은 기업은 최근 새로운 규정을 만들었습니다. 비혼 선언을 한 구성원에게 결혼 축의금에 상응하는 금액을 일시불로 지급하겠다고 공표한 것입니다. 상호부금의 비수혜자 보호를 위한 새로운 제도가 나온 셈입니다.

한두 세대 전만 해도 삶의 기준이 풍요롭지 않았기에 월

셋집 방 한 칸에 숟가락만 들고 시작하는 결혼도 감수할 수 있었습니다. 주위에 신혼부부들이 다 그랬기 때문에 누구도 이의를 제기하지 않았습니다. 하지만 세상은 빠르게 변해 왔습니다. 태어날 때부터 자기 방을 갖고 쾌적한 환경에서 자란 사람들에게 예전의 기준을 감내하라고 할 수는 없습니다. 상황이 이렇다 보니 두 남녀의 결혼에 부모의 경제적 지원이 필수가 된 것처럼 여기는 사람들이 나타났습니다.

그 결과로 자녀의 결혼에 너무 많은 자원을 소모해 버린 부모들은 노후가 불안해집니다. 이 때문에 장성한 자식이 다시 부모를 부양하는 '효도'라는 '시간차 되갚음'의 시스템이 설계된 것입니다. 이것이 누군가에겐 합리적인 아름다운 협력 시스템으로 보일 수도 있습니다. 하지만 부부 각자의 부모님들에 대한 부양까지 섞이면 그 분배의 형평과 공정 문제가 또 수면으로 떠오르게 됩니다. 그 사이 주택 비용이 수직상승한 것은 더욱 큰 걸림돌입니다. 평범한 이들에게는 감당할 수 없을 정도로 높아진 주거비가 청년들의 결혼 의지를 아예 꺾어버리는 일까지 나타났습니다.

결혼은 물론이고 가족 연대에 대한 핵개인들의 기준은 빠르게 변하고 있습니다. 주말마다 사돈에 팔촌까지 모시고 돌잔치, 칠순, 팔순 행사를 하던 과거와는 달리 가족 행사의 빈도와 규모가 점점 줄어드는 것이 관찰됩니다. 만남의 횟수가 줄면 관계도 옅어집니다. 친족 중심의 전통적 사회에서는 그 영원할 것 같았던 '핏줄'이라는 관계조차 상호 노력으로 이어가야만 하는 결속이 된 것입니다.

천륜은 사라져도 연대는 남는다

"먼 가족보다 함께 사는 친구들이 훨씬 가깝죠."

이웃사촌이라는 말은 식상합니다. 이미 사촌이 더 이상 가까운 친척이 아닌 지 오래되었습니다. 한국의 출생률은 드라마틱하게 변화했습니다. 1960년 6.0명, 1970년 4.5명, 1980년 2.8명, 1983년에는 2.1명 이하로 하락합니다.[31]

그렇다 보니 점쟁이처럼 출생 연대만 알아도 가족관계를 맞힐 수 있습니다.

"몇 년생이세요. 1960년? 6남매죠?"

"와! 어떻게 아셨나요?"

이런 유의 만담이 가능한 것입니다. 얼마 전 온라인 강연에서 이런 이야기를 하자 댓글이 올라왔습니다. "앗, 우리 아빠 엄마 모두 6남매예요!" 그야말로 평균의 삶이라는 것이 있습니다. 그 평균이 드라마틱하게 줄어드는 사회라는 것도 보기 드문 현상입니다. 어머니와 아버지가 모두 6남매라면 이모, 고모, 삼촌의 숫자만 10명입니다. 그리고 그들이 대부분 결혼한 사회에서 평균의 아이를 낳으면 사촌만 최소 20명이 넘습니다. 할머니 생신에 모이는 숫자가 상당했던 대가족 사회였던 것입니다.

'당근'이 좋은 동네에서 '동친'이 좋은 동네로

그러나 앞서 말해왔듯이 우리 사회는 핵가족의 시대를 넘어 급격하게 핵개인의 시대로 접어들었습니다. 코로나19로 거리 두기에 익숙해지면서 가족 행사와 만남도 자연스럽게 줄어들었습니다. 그런 과정에서 가까이 살며 서로를 챙기는 이웃 공동체가 관계망 속으로 들어왔습니다. 소셜미디어에서는 '인친(인스타그램 친구)'에 이어 '동친(동네 친구)'이라는 말이 자주 언급됩니다. '코로나19로 격리 중인 동친에게 식사와 약을 배달한 미담'이 온라인 공간을 따뜻하게 달구기도 했습니다. 중고 거래 매너가 좋은 '당근' 하기 좋은 곳, 선량한 '동친'이 많이 사는 곳으로 이사를 꿈꾸는 사람들도 생깁니다.

가족이 아니더라도 마음 맞는 동반자들과 일상의 고락

핵개인의 시대,

'가家'는 있지만

'족族'이 사라지고 있습니다.

을 함께 나누겠다는 움직임도 보입니다. 오랜만에 본 TV 예능에서 한 배우는 20대에 떠밀려서 했던 짧은 결혼 생활을 끝낸 후, 지금은 마음 맞는 친구들과 한 건물에 모여 산다고 이야기합니다. 서로 배려하고 대접하니 매일 저녁이 소소한 이벤트라고 만족해합니다. 이런 TV 프로그램은 대안 가족의 일면을 보여줍니다.

자립을 준비하는 청년들이 함께 모여 사는 경우도 있습니다. 2022년 6월까지 보육원 등의 보호시설은 만 18세가 되면 퇴소해야 했습니다. 그때 국가에서 지급하는 자립정착금 1,000만 원으로 독립하기란 현실적으로 매우 어려웠습니다. 직업을 가진 후에도 부모의 집에서 거주하는 청년도 많은 사회에서 이 모든 것을 홀로 준비해야 하는 18세 청년은 상대적으로 불안감을 느낄 수밖에 없습니다. 현재는 원한다면 만 24세까지 보호 기간을 연장한 채 학업을 이어가거나 취업이나 자립을 준비할 수 있습니다. 자립을 앞둔 이들은 여러 가지 이유로 모여 살며 차근차근 고민을 해결해 나가기도 합니다.

인구 감소 지역에서 할머니들의 공동생활 역시 폭넓게 관찰됩니다. 남녀 평균 수명의 차이로 홀로 된 할머니들이 마을회관 등에 모여 공동생활을 하는 것입니다. 함께 살고 함께 먹고 함께 노니 분명 식구인데, 사회적으로는 가족으로 인정받지 못하고 있습니다. 몇몇 사례를 살펴보면 이들의 끈끈함과 연대는 가족관계증명서에 기재된 가족 못지않다고 합니다. 60대에 홀로된 여성이 80대, 90대 여성과 함께 살아가는 모습은 노인 복지의 사각지대에서 온정과 연대가 어떻게 이 사회의 빈 부분을 채워주고 있는지 보여줍니다. 지역 매체의 보도를 보면 이러한 '공동생활가정'이 노인 빈곤이나 고독사 문제의 대안이라 제안하기도 합니다. 다양한 가족 공동체를 법으로 규정하고 그에 맞는 법적 보호 시스템을 유연하게 정비하는 일이 필요한 시점입니다.

돌봄의 상호순환 '협력 가족'

점점 더 많은 '대안 가족'의 형태가 보입니다. 돌봄이 필요해지는 곳에서 새로운 관계의 고리가 시작됩니다. 예를 들어 보겠습니다. 최근 한 저널리스트가 재미있는 사진을 보여주었습니다. 홀로 아이를 키우는 그녀와 11세 아들, 아들의 어린 시절에 입주 도우미로 일했던 70대 조선족 할머니, 그리고 그 할머니가 다시 돌보기 시작한 90대 할아버지, 이렇게 넷이 고깔모자를 쓰고 생일 케이크의 촛불을 끄는 장면이었습니다.

어머니와 아이, 그리고 두 노인 가족은 주말 저녁에는 함께 모여 삼겹살을 굽고, 명절이면 떡국을 끓여 먹고 윷놀이를 한다고 합니다. 아이 돌봄 후 다시 노인 돌봄으로 다른 가정에 편입된 조선족 할머니로 인해 두 가족의 연대가 생긴 것입니다. 할머니 역시 본인의 중국 가족에게 가지 않고 돌봄의 대상들과 어울려 여생을 보낸다는 것이 흥미롭습니다. 이렇게 형성되는 가족의 양태를 돌봄이 서로 교차되는 '협력 가족'이라 할 수 있습니다.

수신제가치국평천하修身齊家治國平天下라는 말이 있습니다. 동양에서는 가족을 사회 경제 요소의 최소 출발 단위로 봅니다. 서양에서 '이코노미economy'라는 단어는 경제로 번역되지만, 어원은 '집을 관리하는 것'이라고 합니다. 가족을 한자로 풀어내면 가정을 뜻하는 가家와 일가를 칭하는 족族으로 분해됩니다. 족은 tribe의 의미이고 가는 family로 번역될 수 있습니다. 과거에는 가족을 역할 공동체이자 경제 공동체로 인식한 것입니다.

하지만 핵개인의 시대, '가家'는 있지만 '족族'이 사라지고 있습니다.

선배보다 선구자가 되어야

한 분야 전문가가 갖는 권위는 어느 분야든 예전만큼 강하지 않습니다. 과거에는 권위의 정점인 메이저리그로 가고자 달렸다면, 이제는 자기 마당에 차린 아틀리에에서 장인으로 살기를 꿈꾸는 것 같습니다.

미래학자 다니엘 핑크는 《파는 것이 인간이다》라는 책에서 모든 인간은 '자기 세일즈를 해야 된다'라고 선언했습니다. 그렇다면 무엇을 팔아야 할까요? 가장 경쟁력 있는 상품은 '서사narrative'입니다. 각자의 서사는 권위의 증거이자 원료입니다.

성장과 좌절이 진실하게 누적된 나의 기록은 유일무이한 나만의 서사입니다. 나무의 나이테가 그러하듯 서사는 결코 급조될 수 없습니다. 오직 시간과 진정성으로 만들어집니다.

'신인'의 자리

전 세계가 실시간으로 연결되고 지적 협력 대상으로 AI

가 대중화되는 순간 큰 규모의 조직은 비용 대비 생산 효율이 극도로 떨어집니다. 자리만 차지하고 기름만 많이 먹는 오래된 자동차와 같습니다. API와 매시업 서비스로 플랫폼 간 협업이 가속화될수록 생산과 소비의 경제 활동은 24시간 365일 끊이지 않게 됩니다. 그렇다면 세 끼를 먹고 잠을 자야 하는 인간은 생체 현상 그 자체가 제약이 되어 효율 중심의 산업에서 배제될 가능성이 높습니다.

개인의 욕망은 디지털 환경의 행동 데이터로 남고, 시스템은 다변화된 욕구를 들어주는 개인화 서비스를 제공합니다. 자동화와 지능화가 없던 과거에는 수요자 한 명 한 명에게 맞는 최적화 상품과 서비스를 제공하기 위해 너무 많은 인력과 자원이 필요했습니다. 그런데 이제는 프로세스의 정규화를 통해 다채로운 개인의 욕망을 세밀하게 충족시킬 수 있는 무한대 탐색이 가능해졌습니다.

공급자 위주의 상품개발과 대규모 세일즈는 근원적으로 경쟁력을 잃게 됩니다. 생산 조직 내부에서도 생산성과 효율에 맞춘 규범보다 지능화 시스템과 협업할 수 있는 창의적 개인의 역량이 중요해집니다. 그러면 조직 단위로 업무가 처리되고, 조직에서의 위치로 권위가 자동 부여되던 시스템도 흔들리게 됩니다. 도미노같이 이런 일이 벌어진다면 예

앞으로는 선배라는 말조차

사라질지 모릅니다.

'앞서 경험한 사람'이라는 말이

무색할 만큼

우리는 모두 변화 앞에서

동등한 신인新人이 될 테니까요.

전처럼 '자리' 그 자체를 목표로 삼아서는 안 될 일입니다.

앞으로는 선배라는 말조차 사라질지 모릅니다. 선배라는 한자에 포함되어 있는 '앞서 경험한 사람'이라는 말이 무색할 만큼 우리는 모두는 변화 앞에서 동등한 '신인新人'이 될 터입니다. 탁월한 사람은 그렇게 매일 자신을 선배의 자리, 권위자의 자리가 아니라 '신인의 자리'에 세우는 사람이 아닐까 합니다.

전문성의 바탕, 시간과 성실

만약 이윤만을 목적으로 N개 아이덴티티로 자신을 분절한다면 당장의 효용은 있을 수 있겠으나 오래 가는 좋은 서사를 가질 수는 없습니다. 말콤 글래드웰의 책《아웃라이어》에 등장하는 '1만 시간의 법칙'을 기억해 보시기 바랍니다. 하루에 3시간씩 10년, 또는 10시간씩 3년의 시간 동안 꾸준히 한 가지 일을 반복할 때, 그 시간의 밀도가 쌓여 탁월함이 탄생한다는 이야기입니다.

혹 초인적 재능을 지닌 사람이라면 그 축적에 필요한 기간을 5,000시간으로 단축할 수도 있을지 모릅니다. 어쨌든 시간이야말로 우리 모두에게 공평하게 분배된 성공 방정식의 근간이라고 믿어온 듯합니다. 하지만 그렇게 선두에 선 사람조차 꾸준히 연습을 이어가야 합니다.

저는 오랫동안 전문성과 인정이 만들어지는 '작동 원리'를 분해하고자 했습니다. 그것을 통해 권위의 출발점을 탐색해 보고 싶었습니다. 왜 우리는 타인의 인정을 필요로 하는지, 그 인정은 타당한지, 혹 전문성이 부족한 사람이 단지 순번이 앞에 있었다는 이유로 잘못된 권위를 누리고 있는 것은 아닌지 말입니다. 권위가 전문성과 쌓아온 과정에 대한 보상이라면 핵개인의 시대에 권위 획득의 주체는 점점 더 조직이 아닌 개인이 될 것이라는 것을 발견할 수 있었습니다.

근근이 먹고사는 것도 나쁘지 않아

최근 데이터를 보면 '글쓰기'에 관한 언급량이 계속 증가하고 있습니다. 그를 반영하듯 서점가에서도 글쓰기 책이 꾸준히 팔리고 있습니다. 과거 종이로 출판된 사무 자동화 책을 읽고 엑셀이나 파워포인트 같은 사무 기법을 배우던 사람들이 이제는 글쓰기 책을 읽고 블로그에 일상의 단상을 정리해서 올립니다. 읽는 사람이 많아지면 책의 형태를 갖춰서 출판도 가능합니다. 요즘 편집자들은 기존의 작가보다 특색 있는 '브런치(블로그 플랫폼)' 출신의 신인 작가들을 발굴하기 위해 온라인을 꼼꼼히 탐색합니다.

그런데 이렇게 모두가 작가를 꿈꾸면 그 글을 읽는 사람은 누굴까요? 지금은 독자보다 작가가 더 많다는 웃지 못할 이야기가 나오기도 합니다. 모든 분야가 그렇습니다. 유행이 되면 경쟁이 끝도 없이 치열해집니다. 이렇게 모두 한 방향으로 같은 일을 하게 되면 누가 소비자가 될까요?

결국 서로가 품앗이하듯 소비해주는 작은 장터가 형성될 것입니다. 예를 들어서 '너 웹 소설가야? 내가 그러면 글 한 쪽 100원에 사줄게', '너 일러스트레이터야? 내가 이모티콘 2,000원에 사줄게'가 되는 것입니다. 온라인이 동네 상권화가 되는 것입니다. 같은 동네 통닭집 주인이 옆에 있는 세탁소에 옷을 맡기고, 세탁소집 주인은 옆의 슈퍼에서 음료수를 사서 마십니다. 그러면 어떻게 될까요? 다른 동네에서 행상으로 오는 판매상은 환영받지 못합니다. 그는 벌기만 할 뿐 우리 동네에서 소비를 하지는 않기 때문입니다.

온라인상에서 이런 형태의 느슨한 자주적 공동체가 나오지 않을까 추측해 봅니다. 이 경우 큰돈을 벌기는 어려울 근근이 먹고사는 것도 나쁘지 않습니다.

내가 그 일을 좋아한다면 말이죠.

지 모릅니다. 공급이 늘면 공급자당 큰 규모의 소비자가 나오기 어렵기 때문입니다. 그럼 어떻게 될까요? 모두가 '근근이 먹고사는' 모드로 접어들게 됩니다.

'근근이 먹고사는 것'도 나쁘지 않습니다. 내가 그 일을 좋아한다면 말입니다. '좋아하는 일을 하며 작지만 꾸준하게 먹고사는 것', 어떻게 생각하십니까? 그조차도 계속되려면 새로운 것을 시도해야 한다는 전제가 필요합니다. 새것을 시도하면 선구자가 되고, 남들이 한 것을 따라 하면 카피캣이 됩니다. 타인의 성공을 따라 하던 시절의 '패스트 팔로어 fast follower'는 AI 시대에는 경쟁력이 현저히 떨어집니다.

생성형 AI가 나오자 AI로 쓴 책, AI와 함께 글쓰기 같은 책들이 짧은 시간에 우후죽순으로 쏟아졌습니다. 짧은 시간 내에 출간하는 프로젝트는 예상외로 진도가 빨라 100권을 목표로 했다가 150권 이상으로 목표를 상향 조정하는 일도 벌어집니다. 이렇게 책이 쏟아지면 책당 판매 부수는 예전보다 더 줄지 않을까요? 책을 쓴 저자라는 타이틀, 포털에 자신의 이름을 넣으면 검색되는 권위 역시 예전과 같지 않을 것입니다. AI 시대 이전에 출간을 한 저자와 그 이후에 데뷔한 저자 사이에 획득되는 권위의 크기가 동일하지 않을 수 있습니다.

생성형 AI가 글만 쓰는 것이 아니라 영상을 만들기 시작하며 콘텐츠 세계에서 기존의 질서는 더 빠르게 해체될 것입니다. 유튜브에 자동 생성된 스크립트와 저작권에서 자유로운 이미지, 텍스트를 음성으로 바꿔주는 AI TTS로 만들어진 클립들이 난무하게 될 것입니다. 그렇다면 기존 동영상의 조회수는 분산되고 떨어질 수밖에 없습니다. 볼 시간은 부족하고 볼 사람도 제한적인데 동영상 공급만 늘어나면 기존의 파워 유튜버도 성장 동력을 잃기 쉽습니다. 샘물이 있던 마을에 수도관이 깔리면 약수터의 영향력이 제한되는 것과 같은 원리입니다.

　　그렇지만 약수터 물은 수돗물과는 다른 매력이 있습니다. 분명히 물맛의 차이가 있다고 믿는 사람들이 있습니다. 이전부터 팬을 보유하고 있던 로컬 마켓이 나름의 보호를 받는 것과 같습니다. 반면 새롭게 참여하는 인간 유튜버는 기존 유튜버뿐 아니라 AI 유튜버와 경쟁해야 하기에 진입이 더 어려워집니다. 그리고 새로운 인간 유튜버가 들어오지 않으면 생태계는 더욱 힘들어집니다.

　　이럴 때 팬덤을 지닌 유튜버들의 새로운 생존 방정식을 도모할 수 있습니다. 한 유튜브 채널이 100만 명의 구독자를 보유하고 있다면 성격이 다른 비슷한 규모의 채널과 '합방'을 해서 캘래버레이션 콘텐츠를 만들어가는 것입니다. 이렇게 연합하고 적응하는 관록의 면역력으로 생태계 변화에 대처하는 것입니다. 외연 확장을 통해 새로운 팬들과 만나고 성격이 다른 콘텐츠와 결합해서 단조로운 플레이 리스트에 활력을 제공하는 방식입니다.

이런 방식의 성장이 가능하려면 무엇보다 나의 팬덤이 공고해야 합니다. 공중파 TV 채널에 집중되던 우리의 눈길을 빼앗아 간 것은 케이블 TV가 아니라 유튜브입니다. 이제 TV 앞은 집 안의 쉼터가 아닙니다. 10대 청소년도, 젊은 직장인도 집에 오면 혼밥을 하며 스마트폰으로 '스케치 코미디'를 봅니다. 라이프 스타일의 변화로 1인 가구가 증가하면서 배달 음식을 먹으며 유튜브를 보는 것이 저녁의 풍경으로 자리 잡았습니다. 혼자 보는 콘텐츠는 각자의 취향과 결합되어 있기에 유튜브 크리에이터의 숫자가 5,000만 명에 달하게 된 것입니다.[32]

너와 나의 팬덤, 마이크로 커뮤니티

관객의 취향이 이토록 세밀해지고 있으니 나의 전문성

또한 마이크로 집단으로 잘게 쪼개는 것이 유리합니다. 이러한 느슨한 연대는 붐비던 소셜 네트워크 서비스에도 적당한 거리를 요구합니다. 수백만의 팔로어를 보유한 인플루언서가 아닌, '내 주변의 누군가'인 마이크로 인플루언서들 간의 일상적 교류를 지원하는 '컨스택츠Constacts' 같은 플랫폼은 상호 신뢰로 이루어진 작은 개인들의 연대를 응원합니다.[33] 각자의 주파수, 각자의 팬덤으로 진화하는 것입니다.

문제는 쪼갤수록 팬이 작아진다는 사실입니다. 상업적인 표현으로는 마켓이 작아집니다. 중세 병참사 중 창의 역사에만 관심을 가지는 사람들이 얼마나 될까요? 결국 앞에서 기술한 것처럼 '근근이 먹고살아야' 합니다.

무엇보다 그 쪼개진 전문성이 나의 송곳 같은 전문성의 출발점이 되기에 착점은 작은 분야입니다. 분야가 넓어질수록 전문성이 희석되고 점검과 갈등의 지점을 만들어낼 수 있으니 주의가 필요합니다. 너무 넓지도 그렇다고 너무 작지도 않은 분야를 선점하고, 향후 확장의 포석을 쌓아 나가야 생존이 가능합니다.

우리는 앞으로 서로에게 작은 팬덤이 되어주고, 그 팬덤에 기대 살아가게 될 것입니다. 그리고 작은 규모의 팬덤이라도 계속 유지하려면 스스로의 성장세를 표현하는 노력을 게을리해서는 안 됩니다. 학교 졸업장, 기업의 사원증 같은 것은 이제 성취 인증 시스템에서 구시대적 유물로 통할 날이 머지않았습니다. 검증된 깃허브의 스코어나 블로그의 구독자, 인스타그램의 달리기 기록처럼 '측정된 권위'를 쌓아가는 것이 필요합니다.

세계의 누구도 하지 않은 고민을 계속하면 적어도 그 누구보다 앞에 선 나를 발견하게 될 것입니다. 내가 맨 앞에 있다면, 먼저 최대한 많이 고민해 본 것이라면, 그때 비교로부터 자유로워지고 스스로에게 너그러워질 수 있습니다. 그 다음에 오는 것은 산의 정상에 오른 뒤에야 산의 높이를 나타내는 숫자가 목표가 아니었음을 깨닫는 것과 같습니다. 결국 인정의 정점에는 나 자신으로부터의 인정이 있습니다.

이 시점에 이르면 밖으로부터의 인정이 중요하지 않습니다. '내가 행하는 것이 결국 내 인생'이라는 것을 알게 되면 우리는 자유로워집니다. 그 누구의 눈치도 볼 필요가 없기 때문입니다. 그것은 '최고'라는 상댓값이 아니라, 가장 앞에 선 자가 맛보는 '최선'이라는 절댓값입니다.

이 전선의 앞에 서기 위해서는 희귀함을 추구하는 것이 옳습니다. 희귀함이 쌓이면 고유성을 갖습니다. 그러나 고유성이 진정성까지 가기 위해서는 축적의 시간이 다시 요구될

고유성이 진정성까지 가기 위해서는

축적의 시간이 요구됩니다.

고유함은 나의 주장이고

진정함은 타인의 평가이기 때문입니다.

수 있습니다. 고유함은 나의 주장이고, 진정성은 타인의 평가이기 때문입니다. 결국 고유성과 진정성의 단서가 내가 오랫동안 쌓아둔 내러티브라는 것은 잊지 말아야 할 필수 전제가 됩니다.

미정산 세대의 필연

"내가 다 없애버리고 제대했어."

휴전 국가에서 분단의 특수성 하에 운영되는 징병제 군대는 참여자 모두가 자부심과 상처를 골고루 남겼다고 이야기합니다. 그 체제하에서의 악습들은 규칙이기보다는 관성으로 이어져왔습니다. 그 관행들이 신병들 모두에게 설명할 수 없는 구속감을 남겼기에 다들 자신이 고참이 되어 악습의 굴레를 없앴다고 이야기합니다.

'제티'의 굴레

이렇듯 많은 이들이 매번 나쁜 관행들을 모두 자신의 기수에서 없앴다고 말하지만 왜 지금껏 남아 있을까요?

이 문제를 고민하자, 함께 연구해 온 도반 J는 자신의 경험을 이야기합니다.

"저는 해외 유학을 하다 입대를 위해 휴학 후 귀국했습니다. 오랜 기간 해외 생활로 한국의 문화에 적응하기 어려울 뿐 아니라 군대 문화에 대한 두려움까지 있었지만 악습을 계승하진 않겠다는 다짐을 하고 입대했습니다. 타 문화권에서 온 수평의 상징이 되리라는 각오로 시작한 군생활의 과정은 자처한 가시밭길 같았습니다.

점점 조직에 몸담은 시간이 길어지며 효율이라는 핑계로, 군이라는 특수한 목적의 수직 사회라는 구실로, '원래 이런 거야'라는 불문율과 함께 편하게 악습의 굴레에 몸을 태우고 싶었습니다. 하지만 그때마다 '그러지 말아야지. 조금만 참자. 내가 병장이 될 때까지, 분대장이 될 때까지만 참자.' 그렇게 두 번의 겨울을 보내고 드디어 제대 전 마지막 봄, 악습의 대를 끊을 위치에 올랐습니다.

저는 소위 '부조리를 행하지 않는 해외 출신 J병장'이 된 것입니다. 악습의 끝, 이제 다 왔다고 생각한 제가 예측하지 못한 것은 다름 아닌 '제티'였습니다. 아시다시피 제티는 흰 우유에 타 먹는 초코 분말입니다. 새로 들어온 신병 막내는 입대 전 '군 생활 꿀팁 시리즈'를 보고 온 것인지 저의 군 생활 신념을 모르고 매일 아침 초코 맛 제티를 들고 찾아와

'조공'하려 했습니다.

　매일 같이 호의를 거절하던 저는 어느 날 관물대에서 이미 제티로 제조된 초코 맛 우유를 발견했고 어쩔 수 없이 마시게 되었습니다. 몇백 원도 안 되는 가루로 온몸에 수혈되는 권력의 맛을 본 저는 수직적 위계사회에서 받을 수 있는 혜택을 거부하기 어려운 자신을 발견하고 말았습니다. 온갖 부조리, 폭언과 가혹행위에 상처받은 영혼이 초코맛 제티로 전부 보상받는 느낌을 받은 것입니다. 저는 마음을 다잡고 다음 날 신병 막내를 불러 말했습니다.

　'내일부터는 딸기 맛으로 부탁해.'"

　도반 J병장 개인이 끊기엔 길었던 악습의 역사는 악습을 생존 준비물로 여기고 군대로 들어오는 순수한 새로운 세대들을 재생산해냅니다. 아마도 옆에서 이를 지켜보던 K일병은 다시 또 '내 대에서는 저 악습을 끊어야지'라고 생각했을 수도 있습니다.

　이처럼 시혜자가 수혜자가 되는 순간 불합리한 관행은 비 온 후 돋아나는 끈질긴 잡초와 같이 살아납니다. L대리가 L부장이 되는 순간 나머지 직원들이 본인의 의지와 상관없이 점심시간에 함께 짜장면을 먹거나 비 오는 날 파전과 막걸리를 먹는 행사는 명맥을 유지하게 됩니다.

이제는 더 이상 미룰 수 없습니다. 8남매가 각자 다시 6남매를 낳아 환갑잔치에 수십 명이 모이던 시절에는 할아버지와 할머니의 여생이 70세를 넘기기 어려웠습니다. 수십 명의 가족이 같은 동리에 함께 살며 챙기던 시절에는 정성으로 챙기던 '혼정신성昏定晨省'도 그 의무가 길지 않았고 이를 동기간에 나눌 수도 있었습니다. 형제들이 십시일반 모은 작은 액수도 합하면 적지 않아 생계를 돌볼 수 있었습니다.

굴레를 끊는 용기

이제 낮아지는 출생률로 자녀의 수는 줄고 부모는 장수하여 백수를 넘봅니다. 아니면 비혼으로 살 수도 있습니다. 이 시스템하에서는 누구도 다음 세대에게 기댈 수 없습니다.

더 오래전 산업화의 초입이던 1970년대에는 무엇이든 성장했습니다. 10%에 육박하는 GDP의 상승률이 당연했고, 수출이 활성화되어 미국과 유럽, 중동과 아프리카까지 매일이 새로운 시장이었습니다. 인건비는 낮고 경제활동인구는 넘쳐 큰 회사마다 신입사원들이 매년 수천 명 넘게 입사했습니다. 입사 순번 100번이 안 되던 사번이었던 그 당시 L

대리는 선배가 많지 않았지만 후배들은 계속 증가했습니다. 자동화와 연결성마저 없었기에 '텔렉스'로 받은 소식과 국제 우편으로 보내는 편지가 해외 거래처와의 간헐적 소통 수단이었습니다. 월급을 손으로 세서 봉투에 넣어주느라 가마니로 현찰을 가져와 지폐와 동전까지 일일이 나눠 담는 과정만 며칠이 걸렸습니다. 이 시기에는 할 일이 많지도 않았고, 할 사람이 부족하지도 않았습니다.

이제 모든 것이 변했습니다. 수십 명이 만든 회사가 수조 원에 팔리기도 합니다. 2012년 1조 2,000억 원이 넘는 액수에 팔린 인스타그램의 구성원은 13명이었다고 합니다. 플랫폼과 지능화로 무장한 범지구적 협력 시스템은 조직의 크기가 늘어날 이유를 찾지 못하도록 새로운 협업의 방안을 제시합니다.

이제는 예전의 구태를 청산하거나, 그렇지 못하다면 지키려는 자가 청산당해야 하는 시대가 온 것입니다. 그렇다면 이전에 내가 넣은 '상호부조의 시스템'이 와해되는 과정이라는 것을 직시해야 합니다.

내가 부은 적금의 은행이 파산하고 내 적금이 지급 불능 상태에 빠진 것처럼, 내가 이 사회에 기여했다고 믿었던 것들의 토대가 빠르게 붕괴하고 있음을 인식해야 합니다. 지

금 이 시대의 우리는 '이연된 보상 시스템'의 말단에 놓였을 가능성이 높습니다. 어른은 아이를 돌보고 다시 아이는 자라 청년이 되어 어른을 돌보는 시스템이 와해된 것처럼 L부장을 L대리가 돕고 다시 L대리가 L부장이 되어 M대리를 찾는 시스템은 이제 여기서 종료하게 될 것입니다.

이미 성장의 한계에 다다른 조직은 부장만 있고 신입사원이 없습니다. 군대 용어대로라면 신병은 없고 병장만 있는 속칭 '꼬인 군번'으로 접어들게 된 것입니다. 저출생으로 인해 인구가 줄어들어 자연스레 군이 첨단화하면 초병이 서던 경계 근무에 경비용 로봇 강아지가 대체 투입될 수 있습니다. 이처럼 인구가 줄어드는 사회에서 역할이 커지는 조직은 AI와 로봇의 도입을 적극적으로 도모할 것입니다.

이런 시대에는 물질과 정서 양면에서 규정되었다고 믿어 온 공동체적 연대에 의존하는 것보다 각 개인이 독립적인 주체로서 자발적 지원을 상호 간에 나누는 시스템으로 진화하게 될 것입니다.

앞으로는 다 돌려받지 못하거나 원하는 만큼 다 돌려받지 못했다고 스스로 느끼는 세대가 나올 것입니다. 이들을 '미정산 세대'라 부르고자 합니다.

악습을 정말로 끊어내고자 하는 미정산 세대의 결단을

응원합니다. 조직과 사회에 많은 것을 희생하고 헌신했다고 믿었지만 그만큼 돌려받지 못할 상황에 처한 미정산 세대는 본인 몫을 미래 세대에게 요구하지 않고 스스로의 삶을 준비하는 새로운 핵개인의 모습과도 같습니다. 사회가 변모하는 상황에서 과거의 인습과 관행에 호소하기보다 '내 대에서 끊었어'를 언행일치로 이루고 큰 뜻을 행하는 모습입니다. 모든 이들이 '모두 보상받겠다'라고만 한다면 그 짐은 결국 다음 세대에게 전가되고 사회의 지속 가능성은 위기를 맞습니다.

미정산 세대는 본인들이 처했던 악습의 마지막 고리의 종점에 선 이들입니다. 우리 사회는 담대한 결단을 해낸 그들을 응원할 뿐 아니라 핵개인으로 살아갈 그들을 지원해주는 시스템까지 갖춰야 합니다.

5분 존경 사회

"L부장님요? 존경하죠, 한 5분 정도?"

앤디 워홀이 말했습니다. '미래에는 누구나 15분간 유명세를 누릴 수 있을 것이다'라고 말입니다. '미술품의 대량생산'을 최초로 시도하여 유명해진 팝아티스트의 예언은 참으로 절묘합니다. 실제로 앤디 워홀은 1985년, 음악전문 케이블 MTV와 〈앤디 워홀의 15분〉이라는 프로그램을 만들기도 했습니다. 지위 고하를 막론하고 누구나 15분씩의 인지도를 확보할 수 있다면 존경은 어떨까요?

L부장님의 인지도는 대중에게는 '0'에 수렴하지만 사내에서는 꽤 높은 점유율을 가집니다. 입사 후 20년간 산전수전 공중전을 다 겪었다는 L부장, 그는 회사의 모든 성과 현장의 중심에 본인이 있었다고 주장합니다. 혁혁한 공을 세운 공신으로 자신을 어필합니다. 실제로 시장에서 크게 성공한 제품을 본인이 만들었다 주장하는 사람들만 한 브랜드당

수백 명은 됩니다.

"○○ 제품, 내가 만든 거잖아.""○○ 디자인, 그거 내가 했잖아."

하늘이 알고 땅이 알고 내가 알고 당신이 아는 바와 같이 영웅은 그리 많지 않습니다. 브랜드가 만들어지기까지는 수많은 사람들의 손길이 필요하기에 그들은 협업 트랙의 어느 자리에 있었을 수는 있습니다. 하지만 착상에서 시작해 제품화하기까지 수많은 난관을 돌파해냈을 때 만들어지는 서사를 쉽게 전유해서는 안 됩니다. 협업자 혹은 관여자는 자신의 참여 영역과 정도, 그 시기를 분명히 말해야 합니다.

최근에는 어떤 브랜드가 만들어지면 분란을 막기 위해 그 과정에 참여한 사람들의 영역과 노고의 정도를 백서 형태로 세밀하게 발간하기도 합니다. 이름만 없고 호가호위할 수 없게 된 것입니다. 예를 들어서 밀키트 하나라도 착상은 누가, 레시피는 누가, 재료는 누가, 기계 공정은 누가, 홍보는 누가 했는지 구체적으로 기록해 두는 것입니다.

그런 이유로 존경은 크게 뭉뚱그린 업적에 대한 반응이 아니라 일상의 구체적 범주에 대한 평가로 바뀌고 있습니다. 예를 들어 L부장님이 기획서를 빠르게 검토하는 능력은 대략 '5분의 존경'을 동료로부터 받을 수 있을 것입니다.

우리는 이제 업적의 크고 작음을 세세하게 따지고, 그 크기에 합당한 존경의 총량을 정합니다. '5분의 존경'은 차 한 잔이 따뜻하게 유지될 정도의 짧은 시간이지만 만약 범주를 확장해 전 세계 사람들에게 '5분의 존경'을 받는다면 그것도 대단할 것입니다. 다만 그를 위해서는 교류의 대상이 넓어야 합니다.

세계화된 '5분의 존경'

나와 세계가 만나는 표면적이 넓어야 존경의 효용이 커집니다.

일단 이전 세대의 조직에서 자릿세처럼 작동하던 구조에 편승한 존경은 이제 더 이상 의미가 없습니다. 먼저 입사해 상석에 있다는 이유로 의자를 양보받고, 다른 사람이 따르는 물을 마시고, 누군가 수저를 놓아주기를 기다리던 관습은 유효하지 않습니다. 회식 자리에서 만연했던 '술자리 예절'이나 '형님이 계셔서 회사에 다닌다'라던 민망한 아부도 이제 불편합니다. 권위는 기능으로 대체되고 기능은 충분히 외주화되었기 때문에 이제 권위나 존경에 대한 과도한 의미 부여는 안 하는 것이 좋습니다.

핵개인들은 학습 능력이 매우 높습니다. 만약 누군가 어떤 기능을 갖고 있다면 그에 대한 존경과 함께 그의 능력을 흡수합니다. 무협지 속 흡성대법吸星大法처럼 그의 권위의 원천인 기예와 지혜를 단번에 습득하는 것입니다. 그렇다면 권위자의 나머지 부분에 대해 내가 과도하게 고개 숙일 이유가 없습니다. 오래된 부장님의 어색한 랩과 재미없는 농담에 박수칠 이유를 모른다는 이야기입니다.

물론 때로는 일상에서 부장님의 선견지명이 뛰어날 수도 있습니다. 하지만 범람하는 콘텐츠 속에 더 심도 있는 혜안이 밀물처럼 몰려와 스마트폰으로 눈길을 돌리면 마음을 울리는 강연 프로그램, 정보 가득한 유튜브가 기다리고 있습니다. 게다가 가까운 권위자의 오류나 편협한 생각도 바로 검증할 수 있습니다.

수많은 명사와 해외 지식인들의 지식 콘텐츠 동영상이 매일 갱신됩니다. 해외 석학의 최신 지식이 시차 없이 유튜브를 타고 전해오기에 젊은 세대는 더 이상 그들 주변의 앞 세대의 지혜만을 일방적으로 존경하기 힘듭니다.

"부장님요?

존경하죠, 한 5분 정도."

서로 5분의 존경만

얻을 수 있다는 의미이기도 하지만,

그 5분의 존경은

진심이어야 한다는 의미입니다.

권위자와의 직거래

그렇듯 '권위자와의 직거래'가 가능해진 것이 바로 달라진 세계의 특징입니다. 지금까지 권위자는 직거래를 하지 않았습니다. 대학에 있는 권위자라면 그 대학에 입학해야만 그의 지식을 배울 수 있었습니다. 지금은 대학교수들이 유튜브와 MOOC에 자신의 강좌를 올리고 직접 소통하는 일이 빠르게 늘어나고 있습니다. 이렇게 단계가 없어지고 모두 직거래하는 상황이 공정 경쟁인 듯 보이지만 한편 무서운 면도 있습니다. 이제 지역에서 유세를 부리던 골목대장은 더이상 존재하기 어렵다는 것입니다.

다만 지역에서 오래 살아남는 이들도 눈여겨봐야 합니다. 각자의 골목에서 오래 버틴 이들은 오히려 작지만 더 깊은 공동체로 자신의 고유성을 입증하고, 이를 축적하여 진정성이라는 자산으로 승화시킬 수 있습니다. 이들은 각자의 분야에서 아티스트입니다. 아티스트는 과거의 방법을 답습하지 않으며 기존의 가치관을 전복하고자 하기에 그 존재만으로도 고유성을 지닌 이들입니다. 이들과 연대하며 취향과 고유성의 공동체를 이뤄나가는 이들은 그만 한 안목을 지닌 핵개인들입니다.

그들의 상징을 이해하기 위해 지금 세대에게 더욱 필요해진 능력은 '리터러시literacy', 다시 말해 문해력입니다. 원래 문해력이란 문자로 된 기록을 읽고 거기 담긴 정보를 이해하는 능력을 말합니다. 새로운 시대의 문해력은 문자에만 머무르지 않고 숫자, 이미지, 영상을 포괄한 디지털에 대한 이해로 확장됩니다.

이런 환경 속에서 특정 집단, 특정 분야, 특정 시대에만 귀속된 경험과 지식은 빠르게 쇠퇴합니다. 모든 것이 공개되고 최신의 콘텐츠를 접하는 와중에 핵개인들은 그것을 선별적으로 수용하는 확장된 리터러시를 갖고 있기 때문입니다.

그렇기에 오랜 시간 자신이 갈 길을 닦아 온 대가들은 더욱 빛이 납니다. 이들은 과거의 거장에만 머무르는 것이 아니라 계속되는 현행화를 통해 장기 레이스를 이어 온 평생 현역의 대가들입니다.

예를 들어 수많은 스타가 뜨고 지는 대중음악계에서 여전히 후배 가수들과 국민들에게 '가왕'으로 존경받고 추앙받는 가수가 조용필입니다. 음악인들과 평론가들의 증언에 따르면 조용필은 지금도 트렌드에 민감해 대한민국에서 손에 꼽힐 정도로 가장 많은 음악을 듣는다고 합니다. 전 세계에서 업데이트되는 음악을 듣고 오로지 공연과 곡 작업에만 몰두한 채 새로운 사운드에 투자를 아끼지 않습니다.

연말 가요대상도 거부한 지 오래되었다고 하니 스스로를 탈권위 상태로 만든 것입니다. 조용필은 끊임없이 자기와 경쟁합니다. 과거의 조용필, 어제의 조용필과 경쟁하면서 일신우일신日新又日新하려는 것입니다. 세상의 눈높이에 맞추지 않고 스스로 일가를 이뤄가면서 그는 누구도 이의를 제기할 수 없는, 새로운 권위의 표상인 핵개인이 된 것입니다.

이런 핵개인의 시대에 더욱 중요해지는 것은 '네트워크'입니다. 이 부분은 '복잡계 네트워크 이론'을 만든 물리학자 앨버트 라슬로 바라바시의 분석으로써 입증되는 부분입니다.[34] 새로운 시대에는 인간이 이룰 수 있는 일의 크기가 커지고 있기 때문에 협업이 전제가 됩니다. 그리고 협업에 있어 충분한 자기 위치와 역할을 찾아가려면 연결성을 유지하기 위한 자기 역량을 확보하고 있어야 합니다. 이를 위해서는 지역적 네트워크를 넘어선 기회를 계속 탐색해야 하는데 그 연결성이 단절된 경우에는 나에게 기회가 오지 않으므로 '우연의 선물serendipity' 역시 기대하기 어렵다는 이론입니다.

예기치 않게 다가오는 선물과 같은 행운을 삶의 기회로 만들기 위해서라도 각자가 취해야 할 자세는 '친절하라'가 아닐까 합니다. 영화 〈에브리씽 에브리웨어 올 앳 원스〉

에 나온 대사처럼 'Be kind'의 태도가 가장 현명하고 이로운 자세가 되는 것입니다.

이를 5분의 존경에 접목해 볼까요? 5분의 존경은 '우리는 서로 5분의 존경만 얻을 수 있다'는 의미이기도 하지만, 누구라도 '서로에게 그 5분은 진심 어린 존경을 해야 한다'는 것입니다. 이처럼 핵개인들이 큰 권위의 역동이 아니라 작은 존경, 작은 예의로 네트워크를 만들면서 움직이면 더 큰 선의의 자발적 네트워크를 만들 수 있을지 모릅니다.

새롭게 시작하는 용기

"안녕히 계세요. 여러분~."

고통이 커지면 아예 그 리그에서 이탈하려는 사람들이 나옵니다. 한때는 잦은 이직으로 늘어난 이력서의 여러 줄이 진중하지 못하다고 평가받던 시절이 있었습니다. 하지만 핵개인 시대의 주인공에게는 도전과 시도로 쌓인 이력들이 새로운 시작을 도모하는 용기의 기록으로 여겨집니다.

영화 〈매트릭스〉의 주인공 네오가 모피어스에게서 받은 선택지는 파란색과 빨간색 알약 중 하나를 고르는 것입니다. 파란 약을 먹으면 다시 일상을 살게 됩니다. 빨간 약을 먹으면 진실을 알게 되지만 이전의 상태로 돌아갈 수 없습니다. 말하자면 각성입니다. 이제 그 빨간 약을 먹은 수많은 주체적인 사람들이 '그만두기'를 선택합니다.

무사처럼 칼 하나를 들고 광야에 선 뒷모습의 결의는 이전 부모 세대에게는 정말 이해하기 어려운 것입니다. 제조업이 주를 이루던 시대의 생산 현장에서는 일찍 퇴근하면 경쟁에서 밀려난다는 분위기가 압도적이었습니다. 보충수업을 넘어 야간 자율학습까지 당연시되던 무한 경쟁의 학교는 빛나는 성장기를 억압의 시기로 보내게 했습니다. 체력장의 오래달리기와 매달리기까지 더하면 '버티는 근성'이야말로 우리 사회의 기초 체력으로 여겨지는 분위기였습니다.

그렇게 우리 사회는 압축 성장을 이뤄왔습니다. 여전히 꾸준함이 전문성의 중요한 연료인 것은 변하지 않지만 그럼에도 '숙고 없는 근면함'을 지속할 것인가 고민해야 할 시점입니다. 매몰 비용의 함정에 빠지기 시작하면 현실적으로 가치를 다한 관계인데도 손을 놓지 못할 때가 많습니다. 어떤 일을 하든 '그만두어야 할 때'를 아는 것은 중요합니다. 무엇보다 '그만둘 수 있음'이 조직에서 건강한 역학으로 작용하기 때문입니다. 상대가 언제든 그만둘 수 있다고 생각할 때

관계는 좀 더 대등해집니다.

퇴사뿐 아니라, 인생에서 매우 중요한 결정인 이혼이나 파혼도 마찬가지입니다. 과거에는 '파혼'이라는 단어 자체를 쉬쉬하며 낙인찍기도 했습니다. 요즘 누군가의 파혼 소식에 달린 댓글을 보면 다른 분위기가 감지됩니다. 과거에는 유책 대상에 대한 비난, 안타까움, 미래에 대한 걱정이 주를 이뤘다면 요즘은 미래의 더 큰 불행을 막아준 것이라며 당사자가 전생에 덕을 쌓았거나 조상이 도왔다는 희망적인 이야기까지 등장합니다.

파혼이 좋은 소식이라 할 수만은 없지만 일어난 일은 이미 일어난 것입니다. 자포자기한 채 지금의 불행을 안고 나머지의 삶을 포기하는 우를 범할 필요는 없습니다. 이혼에 대해서도, 실직에 대해서도, 학업을 그만둔 것에 대해서도 축하의 의견과 공감이 제시될 만큼 우리 사회는 더 긴 호흡으로 진화하고 있습니다.

상호허겁의 평형

인생은 짧고 자신의 삶을 형벌처럼 받아들일 이유는 없

습니다. 언제든 잘못이 있다면 바로잡으며 꾸준히 자신의 삶을 수정해 나가려는 용기는 이 시대에 큰 미덕이 됩니다. 이 용기를 실행에 옮기지 못한 채 '그만둔 것처럼 살아가는 태도'를 지칭하는 말이 '조용한 퇴사quiet quitting'입니다.[35] 이는 직장을 그만두진 않지만 딱 주어진 만큼 최소한의 의무만 다하고 그 이상의 기여는 하지 않겠다는 삶의 방식입니다. 직장의 의미를 생계를 유지하기 위한 가치 교환의 장소로만 받아들이는 사람이라면 문제될 일은 아닙니다.

하지만 직업을 자아실현의 수단이자 자신을 성장시킬 기회로 삼고자 하는 이들에게 이런 소극적 태도는 자아 발전에 도움될 리 없습니다. 직업에서 얻는 경험과 자산이 자신의 자아를 발전시키는 연료로 쓰이길 바란다면, 명시적인 그만둠이 아닌 묵시적인 그만둠은 일종의 '수동 공격'일 수 있습니다. 이는 그 주변뿐만 아니라 무엇보다 자기 자신을 상처 입힙니다.

비전 없다고 여기는 직장에 계속 머물거나 서로를 갉아먹는 인간관계에 집착하기보다는 스스로 정한 반환점까지 할 수 있는 노력을 다해보고 그에 도달하면 그만두는 결정을 내리는 것도 나쁘지 않습니다.

중요한 것은 '그만둘 수 있다'라는 생각만으로도 불균

형한 관계가 대등해질 수 있다는 것입니다. 그만두어서 대등해지는 것이 아니라 그만둘 수 있기 때문에 대등해지는 것입니다. 칼은 칼집에 있을 때 효과가 있기 때문입니다. 나에게 대안이 있을 때 상대는 나를 존중하기 마련입니다.

생태학자 최재천 교수는 영국 작가 새뮤얼 존슨의 표현을 인용하여 '상호허겁相互虛怯(mutual cowardice)이 인간을 평화롭게 만든다'라고 말했습니다.[36] 서로를 적당히 두려워하는 관계가 생태계에 최적이라는 이야기입니다. 일단 '저 사람은 갈 곳이 없다. 그만두지 않을 것이다'라는 신호가 보이면 경쟁 서열 집단에서는 조심성이 사라집니다. 상대가 선택의 여지가 없다는 것은 무기 없이 전쟁터에 나선다는 이야기와 같기 때문입니다.

서로가 손님

결국 유동성 문제입니다. 다른 곳으로 움직이려면 밖의 기회가 중요하지만, 기본적으로 본인의 고유 역량이 있어야 합니다. 그것이 불충분하다고 느낄 때는 안전을 위해 타자로부터의 인정을 찾습니다.

드라마 〈재벌집 막내아들〉 속 회사원들은 창업주 '진 회장님'의 의견에 함부로 이의를 제기할 수 없습니다. 토너먼트 방식의 인생에서 상급자의 평가가 직무와 성과를 기르는 현실에 직면하다 보면 자신의 의견을 개진하는 적극성은 약해지기 마련입니다. 이 과정이 반복되면 자신도 모르게 수동적인 사람이 될 수 있습니다. 하지만 변화하는 흐름 속에 조직과 인간, 구성원 사이에서도 일방적인 명령과 복종, 지시와 순응으로 흐르는 관계는 더 이상 통하지 않습니다.

각자가 독립된 완전체로 살고자 하는 핵개인의 시대에는 사회적 타인뿐 아니라 부모 자식 간에도 일방적으로 지시하고 순응하는 것을 경계해야 합니다. 가해자와 피해자가 뒤엉켜 살아왔지만 이제는 투명해진 사회에서 그 은근하고 노골적이었던 악행들이 모두 훤히 모습을 드러냅니다. 드라마 〈더 글로리〉에서 피해자인 문동은은 자신을 괴롭혔던 학교폭력 가해자뿐 아니라 현재 시점의 직장 동료, 심지어 유일한 가족관계인 어머니까지 자신을 괴롭혔던 그 모든 것들을 털어내고 자신의 삶을 찾아갑니다.

더 중요한 것은 새로운 삶으로 나아가려는 의지입니다. 굴레처럼 보였던 현실에서 언제든 이탈할 수 있다는 자신감으로 서로가 언제든 만나고 헤어지는 것이 가능한 존재라는 것을 인식할 때에 더 나은 관계로 나아갈 수 있습니다.

"그동안 감사했어요. 이제 시간이 되었어요!"

점점 '쿨한 안녕'이 많아집니다. 있을 땐 위계 없이, 떠날 때 원한 없이, 회자정리會者定離 거자필반去者必返입니다. 만나고 헤어지고 떠났다 돌아옵니다. 서로는 소중한 손님이며 지금 함께 있는 조직은 거대한 우주 속 환승 정류장과 같습니다. 서로를 배려하고 각자의 결정을 존중해야 합니다.

어른, 핵개인

요즘에는 사무실 없이 원격 회의 시스템으로 일하는 스타트업도 많습니다. 한 창업자가 어느 날 직원에게 전화를 했더니 불편하다며 차라리 화상 회의를 하자고 했다고 합니다. 얼굴 보이는 화상 회의는 공식적인 업무이지만 전화는 사적인 것으로 다가온다는 것이 그 이유였습니다.

이처럼 교류의 방식은 빠르게 변화하며 매너도 재정의되고 있습니다. L부장은 주말에 K대리에게 연락하여 '편하게 얼굴 보자'라고 말합니다. 그렇게 본 K대리의 안색이 어두운 이유는 주말의 만남이 부담스럽기 때문일 수 있습니다. L부

장 입장에서는 챙겨주려 했던 배려가 K대리에게는 오히려 고
역일 수도 있는 것입니다. 아직 떠날 수 있는 뗏목을 만들지
못한 K대리라면 사회생활에서 선택지가 별로 없습니다.

하지만 시스템의 지능화와 자동화로 개인이 큰 조직에
속하지 않고도 얼마든지 부가가치를 생산해낼 수 있는 시대
입니다. 노트북 한 대와 인터넷만 있다면 태국 치앙마이에
가서 1인 신문사를 차릴 수도 있다고 합니다. 물리적 귀속은
더 이상 중요하지 않습니다. 코로나 이후 출근 이슈가 공론
화된 기업은 전체 찬반 투표를 했다고 합니다. 재택근무 전
면 시행 후에도 어떤 사람은 매일 사무실에 나오는데 그 이
유가 단지 '사무실 커피가 맛있어서'라는 이야기를 하기도
합니다. 하지만 이들도 사무실 출근이 강제되는 것은 'NO!'
입니다. 중요한 것은 자기 결정권이기 때문입니다. 이렇듯 출
근 여부나 회사의 정책보다도 그것을 스스로 선택할 수 있
음이 구성원에게는 훨씬 중요합니다.

다큐멘터리 〈어른 김장하〉가 큰 반향을 일으켰습니다.
탈권위가 대세인 시대에 살고 있지만 정작 우리가 찾는 것은
'권위 해체'가 아니라 좋은 공동체, 좋은 어른이었다는 생각
도 듭니다. 그는 한약사로 일하며 번 돈으로 장학 사업을 하
고 어려운 이들을 돕지만 도움받은 사람들이 당신 주변에

모여 하나의 '세력'이 되는 것은 경계합니다.

어른 김장하야말로 부모 세대와 지금 세대를 잇는 '핵개인'의 모델이라는 생각이 듭니다. 후원을 받은 사람들이 무리를 지어 당신을 추대하면 애초 존경의 출발과는 달리 그것이 또 다른 권력으로 작동할까 조심합니다. 그래서 존경받는 어른들이 한결같이 되풀이하는 말씀은 '나한테 갚지 말고 사회에 갚아라'입니다.

모든 것은 연쇄작용입니다. 우리를 길러준 세대의 은혜에 보답하는 것도 중요하지만, 더 중요한 것은 모두의 삶이 건강하게 지속 가능한 구조인지를 살피는 것입니다. 상호부조와 이연된 보상 시스템으로 서로 의존에 의존을 거듭하는 것이 아니라, 서로 간에 완전체로 자립이 가능한 구조를 함께 만든다면 결국 그 선순환이 돌고 돌아 정말 필요한 이들에게 돌봄이 닿을 것입니다. 마음의 빚짐과 실천의 되갚음을 이전의 세대로 한정하지 말고 전체 사회에 더 크게 적용하는 것이 필요한 시점입니다.

서로가 진심을 다하고 그 성과를 존중하면 먼 길을 함께 갈 수 있습니다. 자기 인생의 능동적 결정권을 서로 존중해 주었을 때 이 시대의 개인들은 자기 삶과 사회 모두에 책임을 다하는 핵개인으로 거듭납니다.

인정 강박, 경쟁하지 않는 사회를 위하여

질투는 때로 건강합니다. 타인이 가진 좋은 역량을 부러워하다 보면 분발하고 발전할 수 있기 때문입니다. 그런데 사회의 가치 기준이 일방향이고 그 평가마저 선착순으로만 정해진다면 질투조차 제로섬 게임의 재료일 뿐입니다. 그가 나를 추월한다고 느끼는 순간 나는 위축되기 때문입니다. 자신과 상대의 삶의 좌표가 일차원의 직선 위에서만 표시된다면 '나'는 상대를 넘어서거나 뒤따라가거나 양자택일을 해야 합니다.

만약 방향이 이차원 방사형이라면 그럴 이유가 없습니다. 삼차원의 공간이라면 더욱 넓은 선택지가 주어집니다. 앞서거나 뒤처지지 않고 자신이 원하는 목표를 찾아 모든 방향으로 향함을 허용하는 사회는 우리에게 선착순 경쟁의 고통을 없애줄 수 있습니다.

젊은 세대가 새롭게 조직에 들어올 때마다 조직은 새로운 세대의 특성에 대해 공부하려 합니다. 그럴 때 이전 세대가 새로운 세대에게 어떻게 접근해야 하나 물어보면 '그저 칭찬해주세요'라고 이야기하는 사람이 있습니다. 이유를 물어보면 '그들은 인정 강박이 있잖아요'라고 합니다. 하지만 그것은 이전 세대 사람들도 마찬가지입니다.

L부장은 자신의 실없는 농담에 '자본주의 웃음'으로 화

답하지 않으면 권위에 도전하는 것으로 간주하고 보고서의 문체를 지적하는 소심한 복수를 하기도 합니다. 무엇이든 허심탄회하게 이야기하라고 하고선 회의 석상에서 후배가 세세히 설명하면 그는 듣지도 않습니다. '됐고, 이렇게 하는 게 제일 좋아. 내가 다 해봤거든'이라고 말허리를 뚝 잘라버립니다. L부장 역시 인정 강박 속에 위축된 자존감을 드러내고 마는 것입니다.

문제는 이렇듯 모두가 인정을 갈구하는데 그들의 성취를 공인해 주기 위한 시스템에 객관적 합의가 제대로 되어 있지 않다는 것입니다. 대등한 입장에서 받는 인정은 존경이지만, 상하의 위계에서 받는 인정은 권력의 단서가 됩니다. 일부 구시대의 L부장은 타인의 자리를 인정하지 않고 함부로 해도 되는 권리가 있다고 착각하며 이를 권력으로 인식하는 것입니다. 예를 들어 'L과장의 아이디어는 다 내가 생각한 수준에 머무르니 도무지 참신하지 않군', '트렌디하긴 한데 너무 아이디얼하니 실질적인 것은 전혀 없군' 정도의 모호한 의견으로 상대의 자존감을 묵살하는 방식입니다.

실제 세상에는 이런 일이 비일비재하고 이렇게 생사여탈권을 쥐고 흔드는 사람을 우리는 '인사권자'라고 부릅니다. 이 시스템은 주관적이고 정성적이기 때문에 공정하지 않습니다. 이러한 시스템에 권위가 잘못 탑재되는 순간부터 권력은 폭주할 수 있습니다. 다른 한편에 그 권력 남용을 억제할 수 있는 시스템이 존재해야 합니다. 앞서 이야기한 '상호 허겁' 시스템에 대해 서로 합의해 나가야 합니다.

기업들의 구성원과 사측의 분쟁 중에서 가장 중요한 이슈 중 하나는 성과급의 기준을 세세히 밝히라는 것입니다. 급여 이외의 성과에 대한 보상을 예전에는 '보너스'라 불렀습니다. 그야말로 주면 좋은 선물 같은 것이었습니다. 이제는 적지 않은 금액을 받아도 '왜 우리는 300만 원을 주나요?'라는 볼멘소리가 온라인에 올라옵니다. 사측은 관성대로 '연봉 계약 외의 돈을 더 준 건데? 고마워해야지'라는 생각이었겠지만 구성원은 '다른 계열사는 400만 원인데 왜 우리는 300만 원이에요?'라고 이야기합니다. '그럼 그 계열사에 입사를 하든지. 여긴 거기가 아니잖아'라는 대답은 갈등을 적대적인 모드로 해결하겠다는 선전포고와 같습니다.

이는 어느 누구도 각자의 권위를 인정하지 않는 관행적 시스템 때문입니다. 혹은 서로의 위치를 가늠할 기준이 명목화되어 있지 않기 때문에 또다시 불합리한 권위에 호소하는 일이 반복됩니다.

이런 사회에서는 불필요한 규칙이 너무 많아질 수 있다

는 것이 가장 큰 문제입니다. 조직이 커지고 관계가 중첩되며 규칙은 늘어만 갑니다. 예기치 못한 일탈에 대응하듯 새 규칙이 추가되면 일은 더 복잡해집니다. 매번 토론해서 해결해 나가야 하지만 협의 과정은 생략되고 지켜야 할 규칙만 늘어나니, 이 구조를 바라보며 각성한 사람들은 그 하나하나에 자신의 생각을 밝히고 반론을 펼칩니다.

뿐만 아니라 그 평가 방식도 정성적 평가의 집합이 정량적 형태로 다가온다면, 그리고 상대평가로 줄을 세운다면 어떠한 일이 벌어지게 될까요? 이 경우 대상자는 평가를 잘 받는 것에 기뻐하기보다 잘 받지 못한 것에 불안해합니다. 조직은 효율을 위해, 성과와 보상을 위해, 근면하지 못한 사람을 없애기 위해 상대평가가 필요하다고 주장합니다. 어차피 연공서열과 호봉제가 굳건히 자리 잡고 있는 한국 사회에서 이런 평가 시스템이 별 의미가 없다는 이야기도 나옵니다. 무엇보다 평가를 해도 보상 체계가 따라오지 못할 경우, 이런 상대평가 시스템은 열패감을 키우고 자기 효능감은 떨어뜨리는 구조를 가지기 마련입니다.

이러한 반론에도 계속 기존의 평가 시스템을 유지한다면 가설은 하나입니다. 평가 주체가 평가 대상에 대해 권력을 갖고 싶어서입니다. 다시 말해 자기 밑으로 순서대로 줄을 세울 수 있다는 것입니다. 분류가 세밀해질수록 기준이 복잡해질수록, 무엇보다 정성적 평가 기준이 늘어날수록 평가자는 더 큰 권한을 가질 수 있습니다.

무제한의 '충성 경쟁'을 시킬 수 있다는 것입니다. 한 기업에서 임원 평가 내용에 심리 상태 질의를 새롭게 추가했다는 이야기가 있습니다. 예를 들어 그림을 보여준 후 '여기 창문 사이에 있는 사람이 나가는 것일까요? 들어오는 것일까요?'를 물었다는 것입니다. 이 질의는 실적이 좋은 임원을 해고하기 위한 것이라는 소문이 있었습니다. 객관적으로 실적이 좋은 임원은 해고가 어려우니 애매한 평가 기준을 더 추가했다는 것입니다. 그 가설은 모두의 가슴을 서늘하게 만들었습니다.

그렇습니다. 항상 평가자가 권력을 갖습니다. 평가가 조밀해질수록 더욱 그렇습니다. 이유야 어찌 되었든 상대방을 피험자로 전락하게 만듭니다. 시험 과목이 늘면 상대는 더 많이 준비해야 합니다. '내가 잘하는 것, 나의 역할은 본질적으로 무엇인가?'라는 탐구는 우아한 이야기가 되고, 피험자는 오직 평가 대상자가 되어 평가자의 의도를 파악하고 그 기준에 자신을 맞춰야 한다는 압력을 느낍니다. 누군가는 이런 행동이 자기 발전에 도움이 된다고 이야기할 수도 있겠지만 이런 피험자 모드가 강화되면 늘 시험을 준비하는 취준생처럼 불안한 사회생활이 이어집니다.

학교를 졸업하면 가장 좋은 것이 '더 이상 시험을 안 보는 것'이란 말을 사회 속 모임에서 수없이 들었습니다. 시험을 본다는 것은 누군가에게 점수를 받는 행위입니다. 그리고 그 기준은 상대편이 설정하는 것으로 결코 나는 상대로부터 자유로울 수 없습니다.

경쟁은 우열을 나누는 것을 기반으로 합니다. 지금 우리 사회 속 권위라는 것도 마찬가지입니다. 그러나 단순히 먼저 차지한 사람들의 순서를 기반으로 평가되는 선착순이라면 어떨까요? 조직이 흔히 쓰는 방법은 하나의 트랙을 놓고 절대로 추월할 수 없는 구조를 만드는 것입니다. 이 경우 후배는 나를 존중할 수밖에 없습니다. 그 선배를 영원히 넘어설 수 없기 때문입니다. 마치 추월 차선이 없는 고속도로 같습니다. 경적을 울려도 아무 소용없습니다. 비키지 않을 터이기 때문입니다.

이처럼 투여한 시간의 누적만을 권위로 여기던 예전의 시스템에서 가장 많이 주고받은 이야기는 다음과 같습니다.

"몇 년 차야?"

수십 년 차가 되었어도 그가 노력하지 않았다면 그는

아무것도 이루지 못했을 수 있습니다. 시간과 성취가 반드시 비례한다고 볼 수는 없기 때문입니다.

이 시스템하에서 웃을 수만은 없는 촌극 같은 이야기는 이런 것입니다.

"우리는 대기업인데 중소기업 출신이면 근무의 경험은 연차에 0.7을 곱해서 인정해 줄게요. 그래서 10년이면 7년만 경력을 인정받을 거예요."

이 모든 것이 전부 시간과 경험을 즉시 대차시키고자 하는 시스템의 소산입니다. 그가 가진 자산을 오직 시간으로만 환금한 것입니다. 그럼 대전제인 그 공식이 깨지는 순간부터 혼란이 올 것입니다.

한편으로는 조직 내에서 이러한 줄 세우기가 심화될수록 그 대응으로 개인은 '다중 자아'를 만들고자 합니다. 경쟁에 순응하는 직장에서의 자신을 남겨둔 채 저녁 시간에 온라인 쇼핑몰을 열고, 토요일 오전에는 자산관리 세미나에 참석해서라도 활로와 방편을 만들려 하는 것입니다. 추월 차선이 없어서 답답한 마음은 '부캐'를 꿈꾸게 합니다.

이 책에서 저는 권위적 행태와 진정한 권위, 권위자를 넘어서 인정과 시간의 선형적인 관계, 조직의 위계와 분화하는 핵개인, 이연된 보상 시스템을 극복하고 사회 혁신을 가능케 하는 미정산 세대의 출현 등을 고민해 보았습니다. 만약 이 생각이 많은 분들에게 공감을 얻어 서로가 서로에게 각자의 길을 허락한다면 기존의 불합리했던 권위주의는 깨질 수 있습니다.

이처럼 기존의 권위는 계속 도전받을 것입니다. 그리고 그 도전이 합의될 수 있을 만큼의 가능성으로 상호 인정이라는 새로운 권위가 우리 사회에 자리하게 됩니다. 하나의 길에 빼곡하게 줄을 서는 것이 아니라, 삼차원의 방사형으로 각자 목적지를 꿈꿀 수 있게 되는 순간 우리 모두는 자신만의 방향으로 전력 질주할 것입니다.

지금까지 많은 개인들은 자신만의 트랙을 설계하고 독립된 목표를 설정할 기회가 많지 않았습니다. 조직의 안정성이 나의 미래를 담보하고 그 안에서 나의 성장을 위한 단계별 기준을 쉽게 찾을 수 있었기 때문입니다. 하지만 이제 아닙니다.

각자의 목표가 지금 내가 속한 조직을 넘어서야만 타인에 의한 평가로부터 해방되고 시험 보는 꿈이 악몽처럼 평생을 괴롭혔던 과거와 작별할 수 있을 것입니다. 무엇보다 지금까지의 가치관을 넘어 나만의 지향점으로 새로운 가치를 천명할 수 있다면 우리는 각자 세계의 주인이 되는 핵개인으로 거듭날 기회를 얻게 됩니다.

　이기려는 경쟁에서 내려오고 보여지는 것의 구속을 벗어던질 때 스스로를 인정할 수 있도록 자신을 돌아볼 수 있습니다. 스스로가 스스로의 권위를 자신 있게 인정하는 사회로의 변화를 꿈꿔 봅니다.

출처·참고문헌

1. www.allkpop.com/article/2022/04/btss-v-has-the-highest-instagram-brand-value-in-the-world-outperforming-celebrities-with-8-10-times-more-followers

2. https://julieannesanjose.com/how-much-money-does-blackpink-make-from-instagram-unveiling-the-groups-financial-success-on-the-platform

3. https://visaguide.world/asia/japan-visa/highly-skilled-professional/
    https://www.mofa.go.jp/j_info/visit/visa/long/visa16.html
    https://www.moj.go.jp/isa/publications/materials/newimmiact_3_system_index.html?hl=ko

4. Spellerberg, Ian F., and Peter J. Fedor. (2003) A tribute to Claude Shannon (1916-2001) and a plea for more rigorous use of species richness, species diversity and the 'Shannon-Wiener' Index. Global Ecology and Biogeography 12.3, 177-179.

5. Stahl, G. K., Maznevski, M. L., Voigt, A., & Jonsen, K. (2010). Unraveling the effects of cultural diversity in teams: A meta-analysis of research on multicultural work groups. Journal of international business studies, 41, 690-709.

6. Nielsen, M. W., Alegria, S., Börjeson, L., Etzkowitz, H., Falk-Krzesinski, H. J., Joshi, A., Leahey, E., Smith-Doerr, L., Woolley, A. W., & Schiebinger, L. (2017). Gender diversity leads to better science. Proceedings of the National Academy of Sciences, 114(8), 1740-1742. https://doi.org/10.1073/pnas.1700616114

7. Noland, Marcus and Moran, Tyler and Kotschwar, Barbara R., Is Gender Diversity Profitable? Evidence from a Global Survey (February 2016). Peterson Institute for International Economics Working Paper No. 16-3, Available at SSRN: https://ssrn.com/abstract=2729348 or http://dx.doi.org/10.2139/ssrn.2729348

8. https://www.mk.co.kr/news/economy/575995

9. OECD. (2022). SF2.4: Share of births outside of marriage. OECD Family Database.
   https://www.oecd.org/els/family/database.htm

10. https://www.newskrw.com/news/articleView.html?idxno=15435

11. https://www.loc.gov/item/global-legal-monitor/2016-10-14/france-controversial-labor-law-reform-adopted/

12. https://www.academia.edu/39778268/The_Right_to_Disconnect_or_How_to_Pull_the_Plug_on_Work_

13. https://news.jtbc.co.kr/article/article.aspx?news_id=NB12137655

14. https://www.fortunekorea.co.kr/news/articleView.html?idxno=27635

15. https://www.forbes.com/sites/antoniopequenoiv/2023/06/12/grimes-helps-artists-distribute-songs-using-her-ai-voice--if-they-pay-royalties-heres-how-it-works/?sh=6d5a02ad49ae

16. Goldman Sachs. (2023b). The Potentially Large Effects of Artificial Intelligence on Economic Growth (Briggs/Kodnani). Goldman Sachs Global Economics Analyst.

17. https://www.youtube.com/watch?v=hkT03a_im6M

18. https://developerpitstop.com/how-long-do-software-engineers-stay-at-a-job/#:~:text=Around%2050%25%20of%20software%20engineers,developer%20stays%20in%20one%20role.

19. 「통계로 보는 우리나라 노동시장의 모습」, 고용노동부, 2016.

20. 「EMPLOYEE TENURE IN 2022」, U.S. Bureau of Labor Statistics(미국 노동 통계국), 2022.

21. 「What is Japanese Long-Term Employment System? Has it Vanished?」, Makoto Fujimoto, JILPT(Japan Institute for Labour Policy and Training), 2017.

22. Johnson, A. (2023, March 31). Which jobs will AI replace? these 4 industries will be heavily impacted. Forbes. https://www.forbes.com/sites/ariannajohnson/2023/03/30/which-jobs-will-ai-replace-these-4-industries-will-be-heavily-impacted/?sh=286d68b25957

23. https://www.computerworld.com/article/3694874/job-cuts-may-intensify-as-ibm-plans-to-use-ai-to-replace-30-of-back-office-jobs.html

24. https://www.businessinsider.com/why-we-stop-discovering-new-music-around-age-30-2018-6
https://neurosciencenews.com/music-aging-22716/

25. Benedict. 2016. 《Imagined Communities. London》, England: Verso Books.

26. 앙드레 슈미드, 2007.《제국 그 사이의 한국》, 휴머니스트.

27. 오기노 신사쿠. (2014). 일본인의 효도, 그리고 효 사상. 효학연구 2014(19), pp. 201-214.

28. https://www.yna.co.kr/view/AKR20230119126000530

29. http://www.jpnews.kr/14963

30. https://www.iheadlinenews.co.kr/news/articleView.html?idxno=41427

31. http://nationalatlas.ngii.go.kr/pages/page_1899.php

    https://theme.archives.go.kr/next/populationPolicy/policy1980.do#:
    ~:text=1960%EB%85%84%EC%97%90%EB%8A%94%20%ED%95%A9
    %EA%B3%84%EC%B6%9C%EC%82%B0%EC%9C%A8,%EC%9D%B8
    %EA%B5%AC%20%ED%8F%AD%EC%A6%9D%ED%98%84%EC%83-
    %81%EC%9D%B4%20%EB%82%98%ED%83%80%EB%82%AC%EB%8
    B%A4.

32. https://www.uscreen.tv/blog/creator-economy-trends/

33. https://constacts.com

34. Barabási, A. L. (2018). The Formula: The Universal Laws of Success.
    New York: Little, Brown and Company.

35. https://www.gallup.com/workplace/398306/quiet-quitting-real.aspx

36. http://kor.theasian.asia/archives/90818